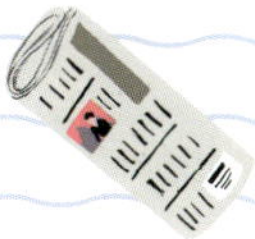

新聞《しんぶん》を読《よ》もう!

3 新聞博士《しんぶんはかせ》になろう!

監修 鈴木雄雅
上智大学文学部新聞学科教授

教育画劇

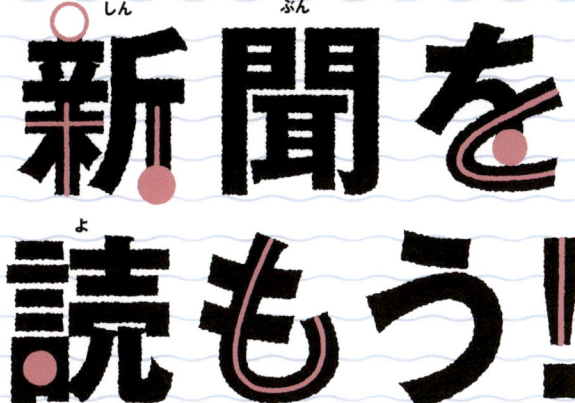

目次《もくじ》

オルク

フルル

ブープ

生《う》まれて400年《ねん》！長《なが》～い新聞《しんぶん》の歴史《れきし》

新聞独自《しんぶんどくじ》のスタイルは長《なが》い歴史《れきし》のなかで時間《じかん》をかけて少《すこ》しずつ作《つく》り上《あ》げられたよ！

1605年《ねん》

◑新聞誕生《しんぶんたんじょう》!?

いまの新聞《しんぶん》に近《ちか》い印刷物《いんさつぶつ》が現在《げんざい》のフランスで初《はじ》めて作《つく》られたといわれているよ。

1650年《ねん》

◑世界最古《せかいさいこ》の日刊紙《にっかんし》の発行《はっこう》

もっとも古《ふる》い日刊紙《にっかんし》は、ドイツで生《う》まれた『アインコメンデン・ツァイトゥング（新着《しんちゃく》雑報《ざっぽう》）』。ヨーロッパの新聞発行《しんぶんはっこう》ブームのきっかけとなったんだ。

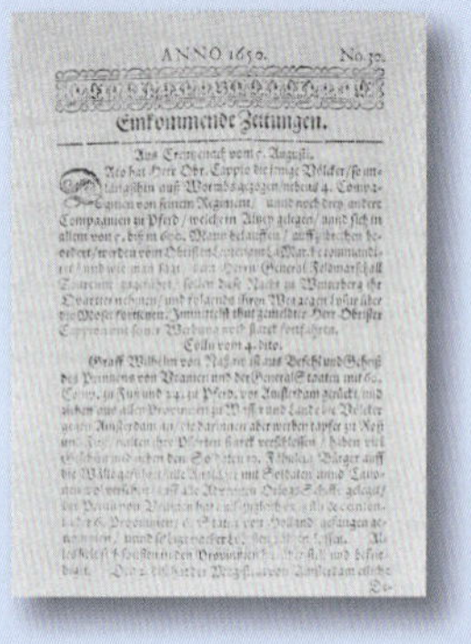

『アインコメンデン・ツァイトゥング』NO.30
資料出典：
『『新着雑報』1650年、世界最古の日刊新聞』
三元社

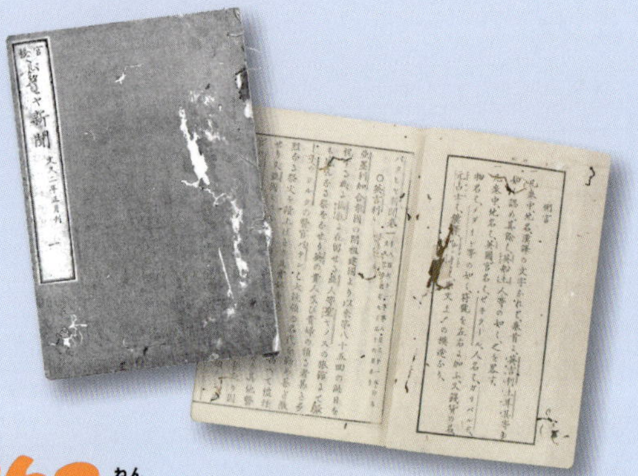

『官板バタヒヤ新聞』第１号、1862年
日本新聞博物館所蔵

1862年《ねん》

◑日本初《にほんはつ》の新聞《しんぶん》

日本《にほん》で最初《さいしょ》の新聞《しんぶん》は、江戸幕府《えどばくふ》がオランダ政府《せいふ》の機関紙《きかんし》を翻訳《ほんやく》してまとめた『官板《かんぱん》バタヒヤ新聞《しんぶん》』。海外《かいがい》のニュースを知《し》ることができる、きちょうな情報源《じょうほうげん》だったんだよ。「バタヒヤ」とは、当時《とうじ》オランダ領《りょう》だったインドネシアの地名《ちめい》。当時《とうじ》の新聞《しんぶん》は、雑誌《ざっし》のようにとじてあったよ。

1865年《ねん》

◑日本初《にほんはつ》の民間新聞《みんかんしんぶん》

日本《にほん》で、民間人《みんかんじん》によって初《はじ》めて作《つく》られた新聞《しんぶん》が、『海外新聞《かいがいしんぶん》』。横浜《よこはま》に来《く》るイギリスの船《ふね》から新聞《しんぶん》を受《う》け取《と》り、ジョセフ・ヒコという人《ひと》が日本語《にほんご》に訳《やく》して作《つく》っていたよ。ジョセフ・ヒコは、海《うみ》で遭難《そうなん》し、アメリカの船《ふね》に助《たす》けられてアメリカに渡《わた》って、領事館《りょうじかん》の通訳《つうやく》として日本《にほん》に帰《かえ》ってきていたんだって。

『海外新聞』第20号、
1866年
日本新聞博物館所蔵

1871年《ねん》

◑日本初《にほんはつ》の日刊紙《にっかんし》

明治時代《めいじじだい》には、日本国内《にほんこくない》のニュースをあつかう新聞《しんぶん》が作《つく》られるようになったよ。そして、読者《どくしゃ》は増《ふ》えていったんだ。1871年《ねん》1月《がつ》（明治《めいじ》3年《ねん》12月《がつ》）には、日本《にほん》で最初《さいしょ》の日刊紙《にっかんし》『横浜《よこはま》毎日新聞《まいにちしんぶん》』が発行《はっこう》されたよ。1枚《まい》の紙《かみ》に印刷《いんさつ》されて、いまの新聞《しんぶん》の見《み》た目《め》に近《ちか》づいたね。

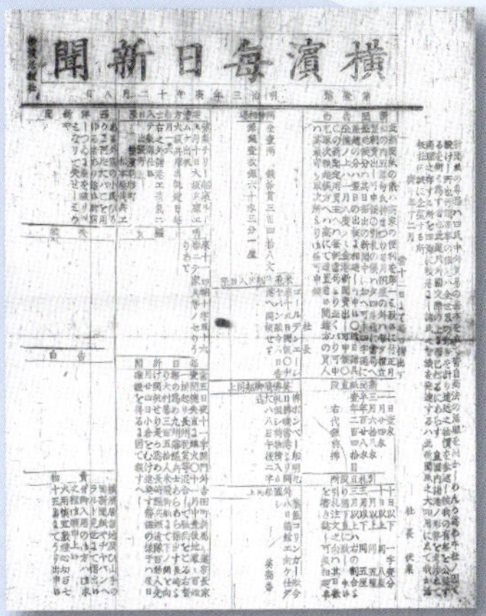
横濱毎日新聞

『横浜毎日新聞』第1号、1871年
国立国会図書館所蔵

1872年《ねん》

◑『東京日日新聞《とうきょうにちにちしんぶん》』（現在《げんざい》の毎日新聞《まいにちしんぶん》）創刊《そうかん》

1874年《ねん》

◑『読売新聞《よみうりしんぶん》』創刊《そうかん》

1876年《ねん》

◑『中外物価新報《ちゅうがいぶっかしんぽう》』（現在《げんざい》の日本経済新聞《にほんけいざいしんぶん》）創刊《そうかん》

1879年《ねん》

◑『朝日新聞《あさひしんぶん》』創刊《そうかん》

1885年《ねん》

◑『東京日日新聞《とうきょうにちにちしんぶん》』が日本初《にほんはつ》の朝刊《ちょうかん》と夕刊《ゆうかん》のセット販売開始《はんばいかいし》

1995年《ねん》

◑各新聞社《かくしんぶんしゃ》のニュースサイトが始《はじ》まる

こんなにたくさん!? 新聞《しんぶん》のビックリ数字《すうじ》

26,232,119部

たった1日《にち》で
こんなに!?

5大紙《だいし》の朝刊販売部数《ちょうかんはんばいぶすう》

日本《にほん》の5大紙《だいし》といわれている読売新聞《よみうりしんぶん》、朝《あさ》日《ひ》新聞《しんぶん》、毎日新聞《まいにちしんぶん》、日本経済新聞《にほんけいざいしんぶん》、産経新《さんけいしん》聞《ぶん》。朝刊《ちょうかん》の1日《にち》あたりの販売部数《はんばいぶすう》を合計《ごうけい》すると、こんなにたくさん！ 1年間《ねんかん》で一《いち》番《ばん》売《う》れた本《ほん》でも年間《ねんかん》で200万部《まんぶ》くらいだから、その部数《ぶすう》の多《おお》さがわかるね。

出典：『情報メディア白書2011』2011年、ダイヤモンド社
「全国紙の販売部数〈2010年上期／朝刊〉」

20,305人

記者《きしゃ》の人数《にんずう》

日本《にほん》の新聞社《しんぶんしゃ》・通信社《つうしんしゃ》の記者《きしゃ》は、こんなにたくさん。記《き》者《しゃ》は、日本《にほん》はもちろん世界各国《せかいかっこく》へ取材《しゅざい》に行《い》っているよ。1つの記事《きじ》を書《か》くにも、記者《きしゃ》たちは、必《かなら》ず現場《げんば》へ行《い》って取材《しゅざい》をするんだ。約《やく》540社《しゃ》ある日本全国《にほんぜんこく》の新聞社《しんぶんしゃ》のなかには、1社《しゃ》に100人以上《にんいじょう》の記者《きしゃ》がいるところもあるよ。

出典：「新聞・通信社　従業員数・労務厚生調査
(2011年4月)」日本新聞協会

新聞《しんぶん》はたくさんの人《ひと》の手《て》で作《つく》り上《あ》げられて
日本中《にほんじゅう》に届《とど》けられているんだよ。
さて、これは何《なん》の数字《すうじ》かな？
新聞《しんぶん》のビックリ数字《すうじ》を見《み》てみよう！

170,000部

1時間《じかん》に印刷《いんさつ》される新聞《しんぶん》の部数《ぶすう》

新聞《しんぶん》を印刷《いんさつ》する機械《きかい》は1445年《ねん》ごろにドイツで発明《はつめい》されて以来《いらい》、より速《はや》く印刷《いんさつ》できるように開発《かいはつ》されてきたよ。1時間《じかん》で印刷《いんさつ》できる枚数《まいすう》は、始《はじ》めは数百枚《すうひゃくまい》くらいだったけれど、いまではこんなに印刷《いんさつ》できちゃうんだ！

405,000人

新聞《しんぶん》を配達《はいたつ》する人《ひと》の数《かず》

雨《あめ》の日《ひ》も雪《ゆき》の日《ひ》も、家《いえ》まで配達《はいたつ》される新聞《しんぶん》。支《ささ》えているのは全国各地《ぜんこくかくち》の販売員《はんばいいん》の人《ひと》たち！ みんなが起《お》きるころに朝刊《ちょうかん》が届《とど》くよう、こんなにたくさんの人《ひと》が日《ひ》の出前《でまえ》から配達《はいたつ》を始《はじ》めているんだ。

出典：『情報メディア白書2011』2011年、ダイヤモンド社「新聞販売所従業員数」

200,000文字

朝刊《ちょうかん》1部《ぶ》の文字数《もじすう》

朝刊《ちょうかん》1部《ぶ》はだいたい40面《めん》（ページ）。そのなかには、約《やく》20万《まん》もの文字《もじ》がびっしり！ これは、原稿用紙《げんこうようし》500枚分《まいぶん》と同《おな》じくらいなんだ。すごい文字量《もじりょう》だけど、新聞《しんぶん》なら全体《ぜんたい》を見渡《みわた》して気《き》になる部分《ぶぶん》だけ手軽《てがる》に短時間《たんじかん》で読《よ》めちゃうね。

そんなにいっぱい情報《じょうほう》がつまってるんだ！

新聞《しんぶん》の道《みち》のりは長《なが》い！　でも速《はや》い！

新聞《しんぶん》がみんなの手元《てもと》に届《とど》くまでの長《なが》い道《みち》のりは、さまざまな人《ひと》の、速《はや》くて正確《せいかく》な仕事《しごと》によって支《ささ》えられているよ。

記者《きしゃ》が思《おも》いこみで原稿《げんこう》を書《か》いていないか、しっかりチェックしています！

デスク

社内《しゃない》から記者《きしゃ》に指示《しじ》を出《だ》して取《と》りまとめるベテラン記者《きしゃ》。各部《かくぶ》に４～５人《にん》いるデスクが話《はな》し合《あ》い、紙面構成《しめんこうせい》を決《き》める。

撮影《さつえい》しにくい現場《げんば》はヘリコプターから空撮《くうさつ》するよ。

カメラマン

新聞《しんぶん》にのる、さまざまな写真《しゃしん》を撮影《さつえい》。シャッターチャンスをのがさず、ニュースにふさわしい写真《しゃしん》を撮《と》るために、下調《したしら》べするのも重要《じゅうよう》な仕事《しごと》。

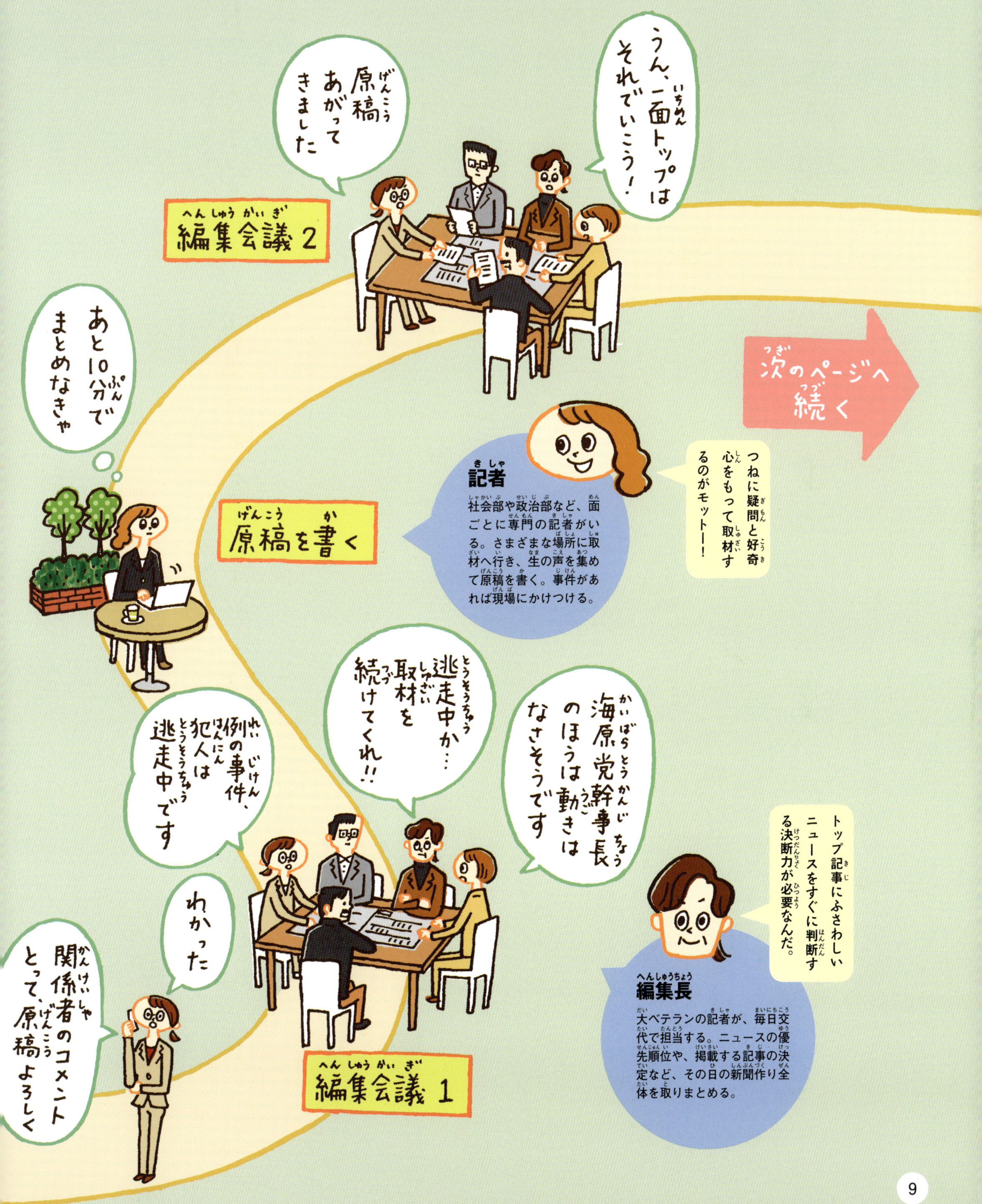

記者《きしゃ》

社会部《しゃかいぶ》や政治部《せいじぶ》など、面《めん》ごとに専門《せんもん》の記者《きしゃ》がいる。さまざまな場所《ばしょ》に取《しゅ》材《ざい》へ行《い》き、生《なま》の声《こえ》を集《あつ》めて原稿《げんこう》を書《か》く。事件《じけん》があれば現場《げんば》にかけつける。

つねに疑問《ぎもん》と好奇《こうき》心《しん》をもって取材《しゅざい》するのがモットー!

編集長《へんしゅうちょう》

大《だい》ベテランの記者《きしゃ》が、毎日交《まいにちこう》代《たい》で担当《たんとう》する。ニュースの優《ゆう》先順位《せんじゅんい》や、掲載《けいさい》する記事《きじ》の決《けっ》定《てい》など、その日《ひ》の新聞作《しんぶんづく》り全《ぜん》体《たい》を取《と》りまとめる。

トップ記事《きじ》にふさわしいニュースをすぐに判断《はんだん》する決断力《けつだんりょく》が必要《ひつよう》なんだ。

次《つぎ》のページへ続《つづ》く

整理部《せいりぶ》でレイアウト
この記事《きじ》はこっちにもっていって…
○○会社
整理部記者《せいりぶきしゃ》
ニュースの重要度《じゅうようど》を考《かんが》えて記事《きじ》をレイアウトし、記事《きじ》のポイントを見出《みだ》しにまとめる。原稿《げんこう》の内容《ないよう》もチェックする。
わかりやすくて読《よ》みやすい紙面作《しめんづく》りを心《こころ》がけているわ。
むっ!!「森口市《もりぐちし》」?「守口市《もりぐちし》」のまちがいじゃないのか?
校閲部《こうえつぶ》で校閲《こうえつ》
2つ以上《いじょう》の資料《しりょう》で確認《かくにん》するのが校閲《こうえつ》の鉄則《てっそく》!少《すく》ない時間《じかん》のなかで厳《きび》しくチェックするんだ。
校閲部記者《こうえつぶきしゃ》
記事《きじ》の内容《ないよう》や文字《もじ》、言葉《ことば》づかいのまちがい、人《ひと》を不快《ふかい》にさせる表現《ひょうげん》がないか調《しら》べて直《なお》す。見落《みお》とさないように、赤線《あかせん》を引《ひ》きながら読《よ》む。
12版《はん》おろします!
しめ切《き》り1
さしかえお願《ねが》いします
犯人《はんにん》がたいほされました!!
最終版《さいしゅうばん》おろすぞ!!
最終《さいしゅう》しめ切《き》り

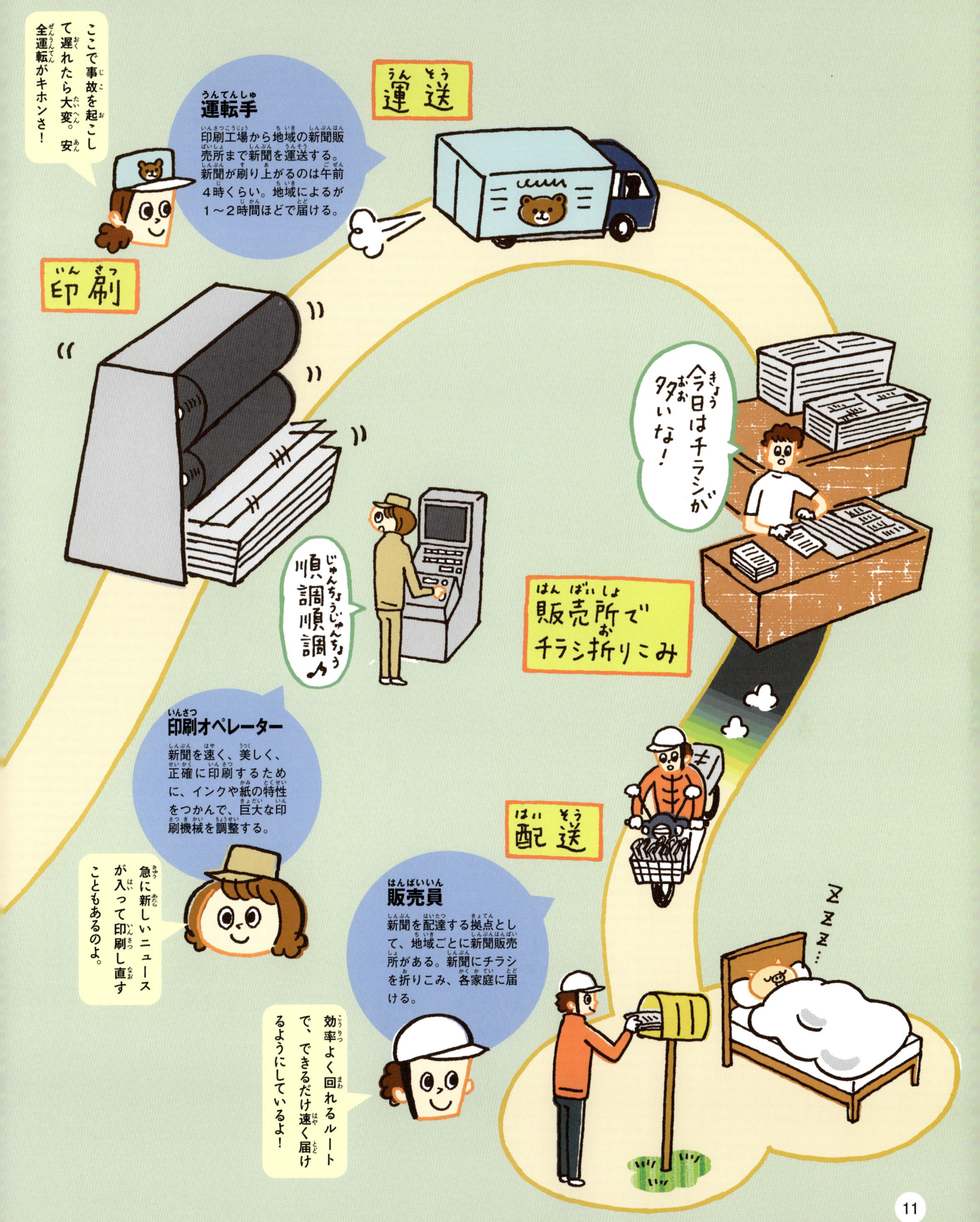

印刷《いんさつ》オペレーター

新聞《しんぶん》を速《はや》く、美《うつく》しく、正確《せいかく》に印刷《いんさつ》するために、インクや紙《かみ》の特性《とくせい》をつかんで、巨大《きょだい》な印刷《いんさつ》機械《きかい》を調整《ちょうせい》する。

急《きゅう》に新《あたら》しいニュースが入《はい》って印刷《いんさつ》し直《なお》すこともあるのよ。

運転手《うんてんしゅ》

印刷工場《いんさつこうじょう》から地域《ちいき》の新聞販《しんぶんはん》売所《ばいしょ》まで新聞《しんぶん》を運送《うんそう》する。新聞《しんぶん》が刷《す》り上《あ》がるのは午前《ごぜん》４時《じ》くらい。地域《ちいき》によるが１〜２時間《じかん》ほどで届《とど》ける。

ここで事故《じこ》を起《お》こして遅《おく》れたら大変《たいへん》。安《あん》全運転《ぜんうんてん》がキホンさ！

販売員《はんばいいん》

新聞《しんぶん》を配達《はいたつ》する拠点《きょてん》として、地域《ちいき》ごとに新聞販売《しんぶんはんばい》所《しょ》がある。新聞《しんぶん》にチラシを折《お》りこみ、各家庭《かくかてい》に届《とど》ける。

効率《こうりつ》よく回《まわ》れるルートで、できるだけ速《はや》く届《とど》けるようにしているよ！

新鮮《しんせん》なネタを届《とど》ける「版《はん》」の秘密《ひみつ》

下《した》の２つの新聞《しんぶん》を見比《みくら》べてみよう。同《おな》じ日《ひ》の同《おな》じ新聞《しんぶん》だけど、トップ記事《きじ》の見出《みだ》しがちがうね。実《じつ》はこのちがいの裏《うら》には、より新鮮《しんせん》なネタ（情報《じょうほう》）をのせるための工夫《くふう》があるんだ。ヒントは「版《はん》」！ さて、どんな秘密《ひみつ》があるのかな？

版《はん》を作《つく》りかえ、新《あたら》しいネタを入《い》れる！

新聞《しんぶん》は、印刷開始後《いんさつかいしご》に入《はい》ってきた新《あたら》しいニュースも、あとから印刷《いんさつ》する紙面《しめん》にどんどん反映《はんえい》させるよ。紙《かみ》に印刷《いんさつ》するもととなる「版《はん》」を作《つく》りかえることで、新鮮《しんせん》なネタに対応《たいおう》しているんだ。

新聞《しんぶん》の紙面《しめん》の左上《ひだりうえ》を見《み》てみよう。「12版《はん》」や「13版《ばん》」「14版《ばん》」と印刷《いんさつ》されているはず。多《おお》くの新聞《しんぶん》は、朝刊《ちょうかん》は12、13、14版《ばん》で、夕刊《ゆうかん》は２、３、４版《ばん》で刷《す》られているよ。印刷工場《いんさつこうじょう》では、その日《ひ》の夕刊《ゆうかん》から印刷《いんさつ》を開始《かいし》する。そして、そのあとに印刷工場《いんさつこうじょう》から遠《とお》い地域《ちいき》に配達《はいたつ》する翌《よく》日《じつ》の朝刊《ちょうかん》、近《ちか》い地域《ちいき》に配達《はいたつ》する翌日《よくじつ》の朝刊《ちょうかん》の順《じゅん》に印刷《いんさつ》するんだ。新《あたら》しく入《い》れる情報《じょうほう》がなければ、版《はん》を変《か》えないこともあるよ。

しめ切《き》りギリギリまで、情報《じょうほう》を集《あつ》める！

東京《とうきょう》で印刷《いんさつ》されている全国紙《ぜんこくし》の場合《ばあい》の、版《はん》としめ切《き》り時刻《じこく》との関係《かんけい》は右《みぎ》の通《とお》り。もし、22時《じ》ごろに新宿《しんじゅく》で火《か》災《さい》が起《お》こったとしたら、12版《はん》にはもう間《ま》に合《あ》わないけれど、なんとか13版《ばん》には記事《きじ》を入《い》れることができる。さらに、大急《おおいそ》ぎで取材《しゅざい》を進《すす》めて、新《あたら》しくわかった情報《じょうほう》を14版《ばん》で追加《ついか》できるんだ。12版《はん》を「早版《はやばん》」、14版《ばん》を「遅《おそ》版《ばん》」と呼《よ》ぶよ。左《ひだり》ページの13版《ばん》と14版《ばん》の記事《きじ》を比《くら》べてみよう。14版《ばん》には、けが人《にん》の人数《にんずう》や火元《ひもと》の情報《じょうほう》が加《くわ》わっているね。新《あたら》しく加《くわ》わった情報《じょうほう》に合《あ》わせて、見出《みだ》しを変《か》えているんだ。大《おお》きな事件《じけん》が発生《はっせい》すると、記事《きじ》が丸《まる》ごと入《い》れかわることもあるよ。

版《はん》としめ切《き》り

東京《とうきょう》にある印刷工場《いんさつこうじょう》の場合《ばあい》

12:00 ごろ
２版《はん》、３版《ばん》、４版《ばん》しめ切《き》り
その日《ひ》の夕刊《ゆうかん》の印刷開始《いんさつかいし》
▶ 遠《とお》くの地域《ちいき》から順番《じゅんばん》に配達《はいたつ》

20:00 ごろ
12版《はん》しめ切《き》り
翌日《よくじつ》の朝刊《ちょうかん》（12版《はん》）の印刷開始《いんさつかいし》
▶ 静岡《しずおか》、北関東《きたかんとう》の一部《いちぶ》へ配達《はいたつ》

24:00 ごろ
13版《ばん》しめ切《き》り
翌日《よくじつ》の朝刊《ちょうかん》（13版《ばん》）の印刷開始《いんさつかいし》
▶ 南関東《みなみかんとう》（千葉《ちば》、埼玉《さいたま》、神奈川《かながわ》の横浜《よこはま》・川崎《かわさき》以外《いがい》の大部分《だいぶぶん》、東京《とうきょう》の多摩地区《たまちく》）へ配達《はいたつ》

25:00 ごろ
14版《ばん》（最終版《さいしゅうばん》）しめ切《き》り
翌日《よくじつ》の朝刊《ちょうかん》（14版《ばん》）の印刷開始《いんさつかいし》
▶ 東京都区部《とうきょうとくぶ》・横浜《よこはま》・川崎中心地《かわさきちゅうしんち》へ配達《はいたつ》

夕刊《ゆうかん》は国際《こくさい》ニュースに注目《ちゅうもく》！

朝刊《ちょうかん》の最終版《さいしゅうばん》のしめ切《き》りは夜中《よなか》の１時《じ》（25時《じ》）ごろ。そこから昼《ひる》の12時《じ》にかけて起《お》こったできごとが夕刊《ゆうかん》のニュースになる。真夜中《まよなか》から午前中《ごぜんちゅう》にかけてなので、ニュースになることが日本《にほん》ではあまり起《お》こらないけれど、欧米《おうべい》などは昼間《ひるま》だから最新《さいしん》の国際《こくさい》ニュースが飛《と》びこんでくるんだ。また、夕刊《ゆうかん》には、朝刊《ちょうかん》にはない読《よ》み物《もの》や、さまざまな専門家《せんもんか》によるコラムなどの特別《とくべつ》な企画記事《きかくきじ》が盛《も》りだくさん。知識《ちしき》をたくわえるのにぴったりなんだ！

これが新聞印刷《しんぶんいんさつ》を支《ささ》える高速輪転機《こうそくりんてんき》だ!!

新鮮《しんせん》なニュースをできるだけ速《はや》く読者《どくしゃ》に届《とど》けるのが、新聞《しんぶん》の役目《やくめ》。それを支《ささ》えるのが、高速輪転機《こうそくりんてんき》だよ。その横《よこ》はばは30メートル、高《たか》さは11メートル、奥行《おくゆ》きは7メートルと、１つのビルくらいの大《おお》きさなんだ！

製版《せいはん》

紙面《しめん》データをレーザー光線《こうせん》でアルミ製《せい》の板《いた》に焼《や》きつけて、刷版《さっぱん》を作《つく》る。この作業《さぎょう》を製版《せいはん》というよ。刷版《さっぱん》には、実際《じっさい》の新聞《しんぶん》と同《おな》じ内容《ないよう》、同《おな》じ大《おお》きさの紙面《しめん》が左右反転《さゆうはんてん》した形《かたち》で焼《や》きつけられているんだ。ハンコみたいなものだね。

印刷《いんさつ》

ロール状《じょう》の用紙《ようし》と刷版《さっぱん》を高速輪転機《こうそくりんてんき》にセットしたら、いよいよ印刷《いんさつ》を開始《かいし》！ アルミ製《せい》の刷版《さっぱん》に水《みず》とインクをつけると、文字《もじ》や写真《しゃしん》を焼《や》きつけた部分《ぶぶん》にだけインクがつく。それが、紙《かみ》に転写《てんしゃ》されるんだ。

断裁《だんさい》

何十枚《なんじゅうまい》も重《かさ》なった紙《かみ》がずれないよう、はしに針《はり》を刺《さ》して断裁《だんさい》する。このため、新聞《しんぶん》のはしには穴《あな》がある。のこぎりのような歯《は》で切《き》るから、新聞《しんぶん》の上下《じょうげ》はギザギザしているんだ。左右《さゆう》は断裁《だんさい》せず、もとの用紙《ようし》のはばなのでまっすぐだよ。

写真提供：株式会社東京機械製作所

40ページの新聞《しんぶん》を1分間《ぶんかん》で2800部《ぶ》印刷《いんさつ》できちゃう！ 積《つ》み上《あ》げると約《やく》8メートル!!

折《お》り

断裁《だんさい》された紙面《しめん》は、折《お》り機《き》のローラーにのって、まずは2つに折《お》られる。その後《ご》、さらに2つに折《お》られて、いつもみんなが手《て》にしている新聞《しんぶん》の形《かたち》になるよ。新聞販売所《しんぶんはんばいしょ》に送《おく》る部数《ぶすう》ごとに分《わ》けられて、トラックで運《はこ》ばれるんだ。

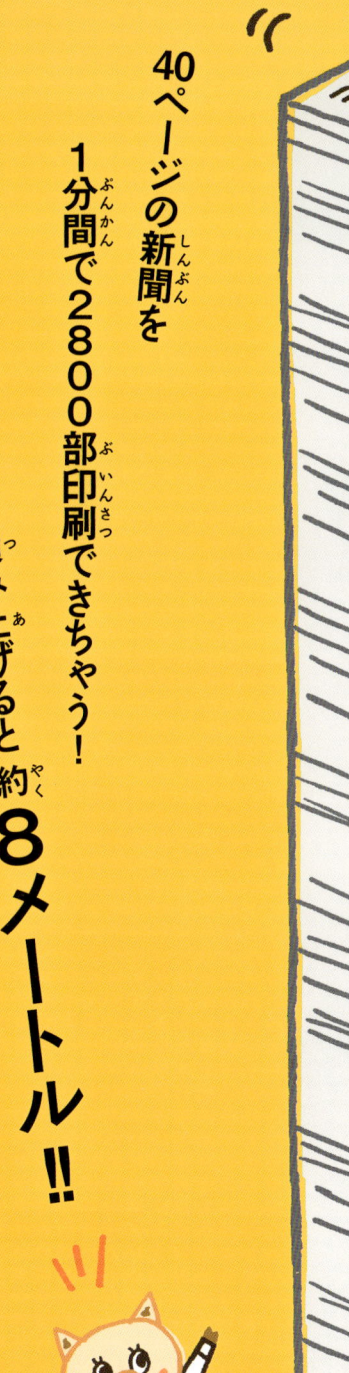

ビッグニュースだ!!
号外《ごうがい》、号外《ごうがい》！

とつぜん起《お》きた大事件《だいじけん》や大事故《だいじこ》、自然災害《しぜんさいがい》などのニュースをいち早《はや》く伝《つた》えるために、朝刊《ちょうかん》でも夕刊《ゆうかん》でもなく発行《はっこう》される特別《とくべつ》な新聞《しんぶん》。それが「号外《ごうがい》」だ。大急《おおいそ》ぎで作《つく》って、街《まち》なかで無料《むりょう》で配《くば》られるよ。朝刊《ちょうかん》や夕刊《ゆうかん》とはちがって、紙面《しめん》は１枚《まい》だけなんだ。新聞《しんぶん》は、発行《はっこう》された順《じゅん》に号数《ごうすう》がつけられているけれど、その順番以外《じゅんばんいがい》の新聞《しんぶん》だから、「号外《ごうがい》」と呼《よ》ばれているよ。

0120-4343-81
讀賣新聞
号外
民主代表 野田氏
あす首相指名
野田 佳彦 215
海江田万里 177

『読売新聞』号外、2011年８月29日
※実際の掲載写真はカラー写真を使用

民主党《みんしゅとう》の代表選挙《だいひょうせんきょ》で、野田佳彦《のだよしひこ》氏《し》が新代表《しんだいひょう》に選《えら》ばれ、第《だい》95代内閣総理大臣《だいないかくそうりだいじん》（首相《しゅしょう》）に指名《しめい》されることを伝《つた》える号外《ごうがい》

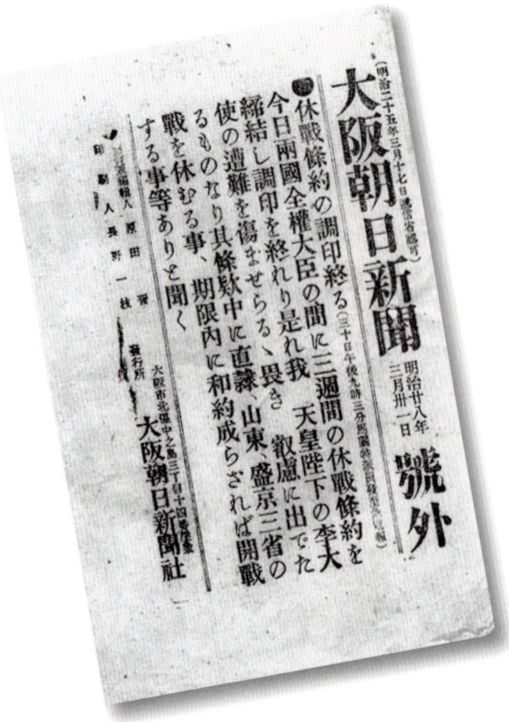
（明治二十五年三月十七日遞信省認可）
大阪朝日新聞
明治廿八年三月卅一日
號外
●休戰條約の調印終る（三十日午後九時三分
今日兩國全權大臣の間に三週間の休戰條約を締結し調印を終れり是れ我　天皇陛下の李大使の遭難を傷ませらるゝ畏き叡慮に出でたるものなり其條欵中に直隸、山東、盛京三省の戰を休むる事、期限内に和約成らざれば開戰する事等ありと聞く
印刷人 長野一枝
發行所 大阪市北區中之島三丁目十四番屋敷 大阪朝日新聞社

『大阪朝日新聞』号外、1895年３月31日
日本新聞博物館所蔵

日清戦争《にっしんせんそう》の休戦条約調印《きゅうせんじょうやくちょういん》を伝《つた》える号外《ごうがい》

讀賣新聞　号外

0120・4343・81

原発3号機で爆発

福島第一

炎と大量の煙

作業員負傷

20キロ圏内、屋内退避

東電「格納容器は健全」

・裏面に続く

『読売新聞』号外、2011年３月14日
写真提供：福島中央 TV、国立国会図書館所蔵

東日本大震災《ひがしにほんだいしんさい》の影響《えいきょう》で、福島第一原子力発電所《ふくしまだいいちげんしりょくはつでんしょ》の３号機《ごうき》が爆発《ばくはつ》したことを伝《つた》える号外《ごうがい》

号外　神戸新聞

2011年（平成23年）7月18日　月曜日

http://www.kobe-np.co.jp/

なでしこ初V

サッカー女子W杯　PK戦で米国破る

沢、最優秀選手

米国を破り初優勝を果たし、トロフィーを掲げて喜ぶ沢（中央）ら＝フランクフルト（共同）

サッカー女子W杯

サッカー史に金字塔

詳しくは神戸新聞で　お申し込みはフリーダイヤル　0120・16・8349

『神戸新聞』号外、2011年７月18日
写真提供：共同通信社

サッカーの第《だい》６回女子《かいじょし》ワールドカップドイツ大会《たいかい》で、日本《にほん》代表《だいひょう》の「なでしこジャパン」が優勝《ゆうしょう》したことを伝《つた》える号外《ごうがい》

江戸時代《えどじだい》の“新聞《しんぶん》”!?
かわら版《ばん》ってなに？

新聞《しんぶん》がない時代《じだい》には、人《ひと》びとはどうやって世《よ》のなかのできごとを知《し》っていたのかな？
江戸時代《えどじだい》には、新聞《しんぶん》の始《はじ》まりとなった
「かわら版《ばん》」が作《つく》られていたよ。

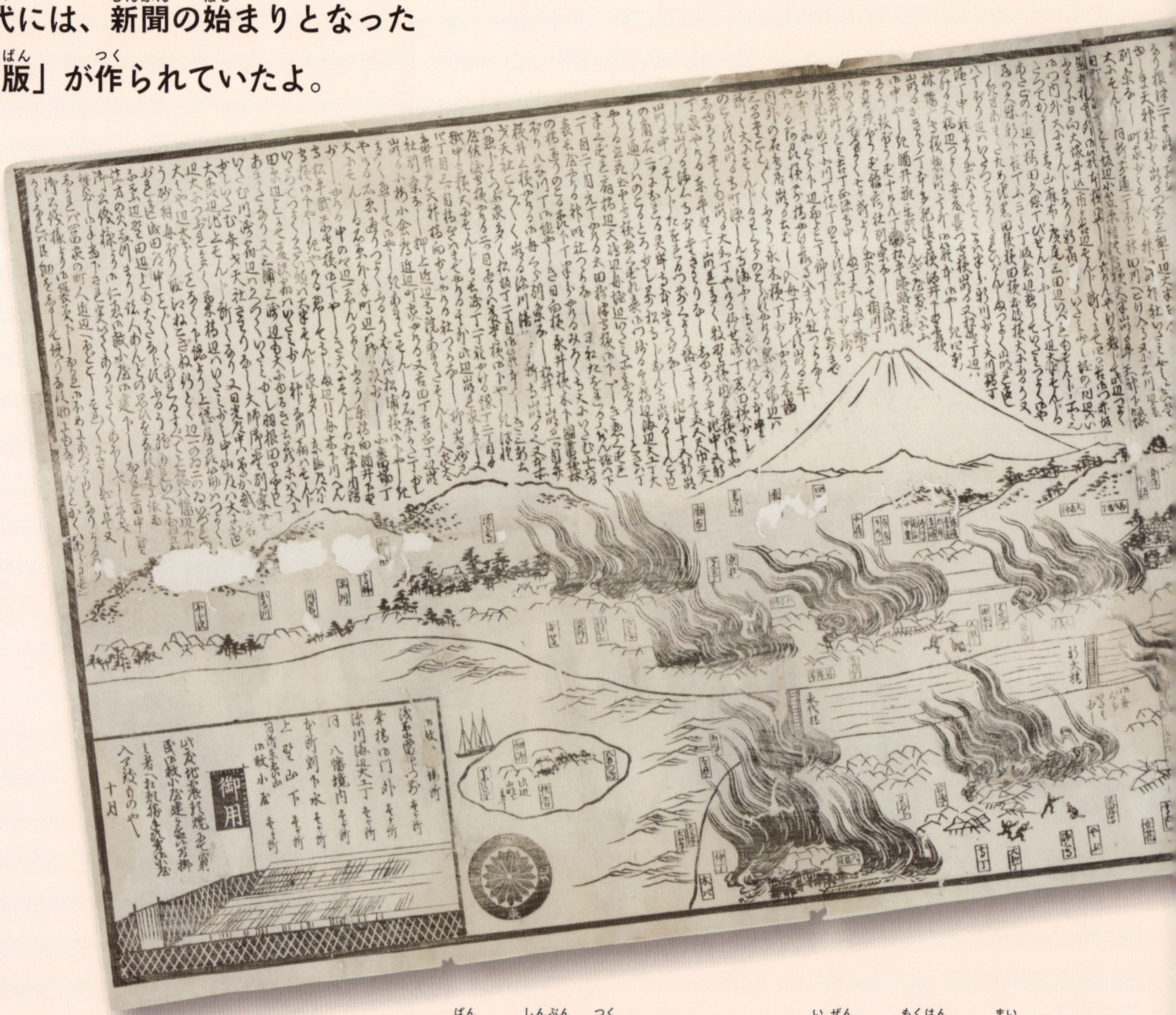

かわら版《ばん》は、新聞《しんぶん》が作《つく》られるようになる以前《いぜん》に、木版《もくはん》で１枚《まい》いちまい刷《す》って作《つく》られていたよ。事件《じけん》や火事《かじ》、津波《つなみ》といった災害《さいがい》などのニュースをいち早《はや》く伝《つた》えるために街《まち》なかで売《う》られていたんだ。上《うえ》のかわら版《ばん》を見《み》てみよう。これは、1855年《ねん》（安政《あんせい》２）に、江戸《えど》で起《お》きた大地震《おおじしん》の様子《ようす》がかかれているよ。こわれた家《いえ》の数《かず》や、亡《な》くなった人《ひと》の数《かず》もくわしくのっているんだ。かわら版《ばん》は、配《くば》る人《ひと》（読《よ》み売《う》り）が声《こえ》に出《だ》し

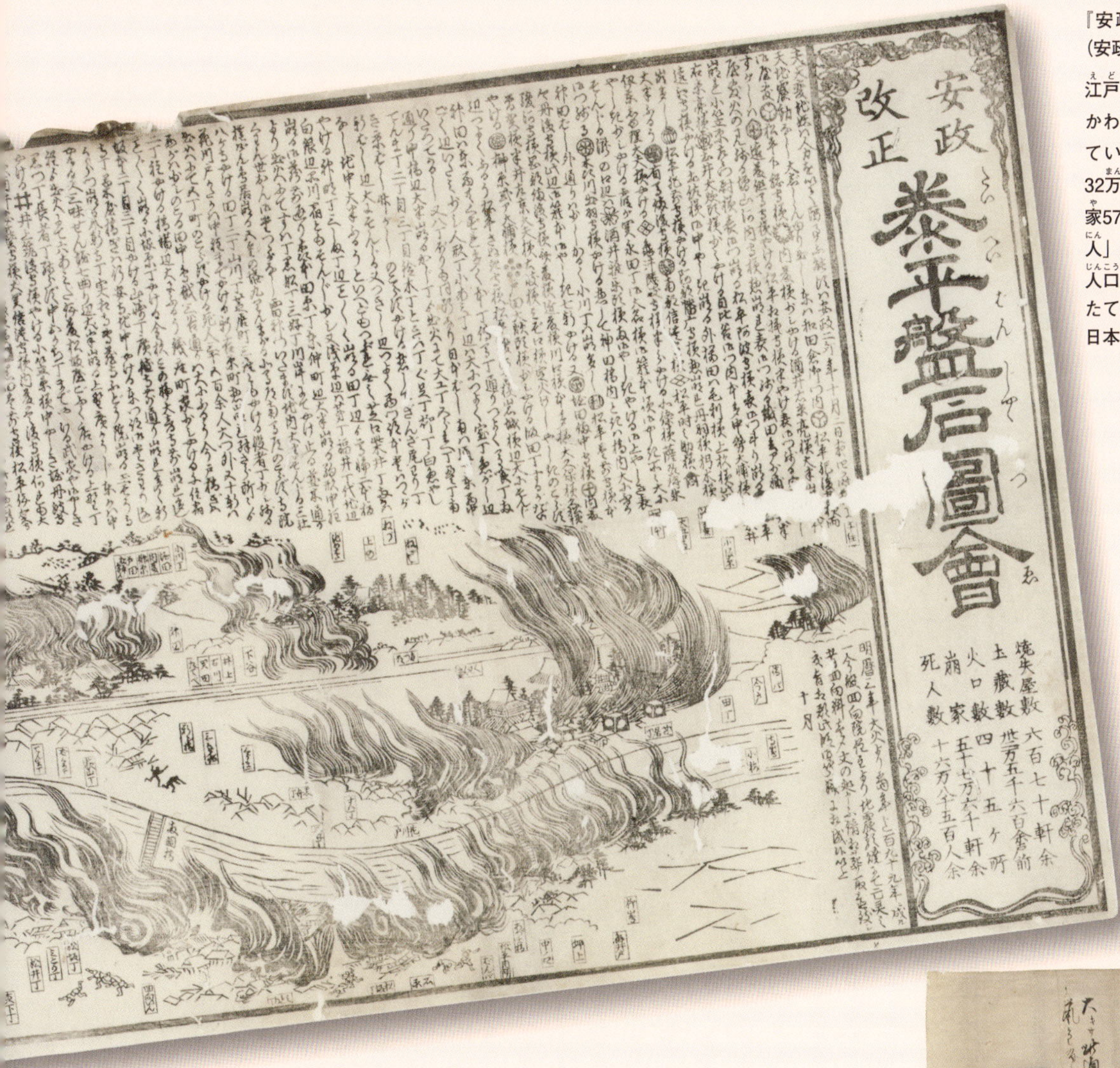

『安政改正　泰平磐石図会』1855年
（安政２、10月２日※旧暦）

江戸《えど》をおそった大地震《おおじしん》の様子《ようす》を伝《つた》えるかわら版《ばん》。実際《じっさい》の数《かず》より多《おお》いといわれているが、「焼失屋敷《しょうしつやしき》670軒《けん》、土蔵数《どぞうすう》32万《まん》５千《せん》６百戸《びゃっこ》、火口数《かこうすう》45カ所《かしょ》、崩《くずれ》家《や》57万《まん》６千軒《せんけん》、死人数《しにんすう》16万《まん》８千《せん》５百《ひゃく》人《にん》」だと書《か》かれている。当時《とうじ》の江戸《えど》の人口《じんこう》は120万人《まんにん》

たて35.4㎝×横94.1㎝

日本新聞博物館所蔵

1823年（文政６、８月17日※旧暦）のかわら版

「大雨《おおあめ》の夜《よる》に、細川邸《ほそかわてい》に落《お》ちてきた珍獣《ちんじゅう》」と書《か》かれている

たて27.6㎝×横34.2㎝

日本新聞博物館所蔵

て読《よ》みながら売《う》り歩《ある》いていたから「読売《よみうり》」とも呼《よ》ばれていたよ。

また、災害《さいがい》や殺人事件《さつじんじけん》などのニュースを伝《つた》える以外《いがい》にも、人《ひと》びとを楽《たの》しませる、ちょっと変《か》わったかわら版《ばん》も作《つく》られていたよ。右《みぎ》のかわら版《ばん》のように、これまでだれも見《み》たことのないおかしな動物《どうぶつ》が発見《はっけん》されたと伝《つた》えるものや、たぬきを殺《ころ》して食《た》べた村《むら》の人《ひと》たちがみんなかぜを引《ひ》いてしまったというような、うわさ話《ばなし》を伝《つた》えたものもあったんだ。

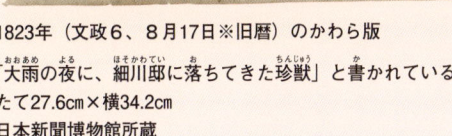

こんな新聞《しんぶん》、見《み》たことある？　明治時代《めいじじだい》には、あざやかでだいたんな錦絵《にしきえ》でかかれた「錦絵新聞《にしきえしんぶん》」が流行《りゅうこう》していたよ。

『東京日日新聞《とうきょうにちにちしんぶん》』の第《だい》３号《ごう》（1872年発行《ねんはっこう》）をもとにかかれた錦絵新聞《にしきえしんぶん》。明治《めいじ》を代表《だいひょう》する悪女《あくじょ》のひとりである夜嵐《よあらし》お絹《きぬ》が、役者《やくしゃ》とともに夫《おっと》を毒殺《どくさつ》したことを伝《つた》える記事《きじ》

1874年発行　たて34.8㎝×横23.4㎝　千葉市美術館所蔵

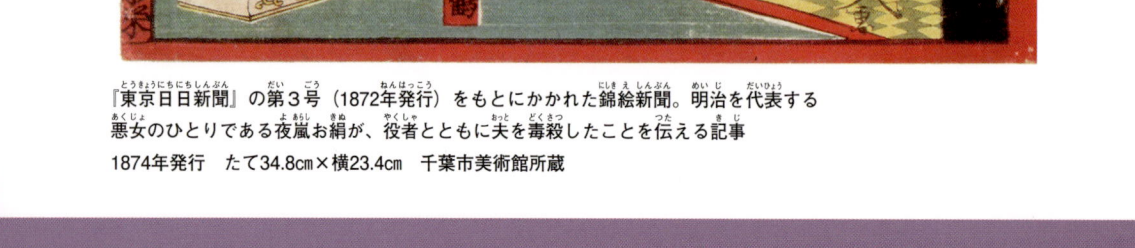

庶《しょ》民《みん》に大《だい》人《にん》気《き》!! 美《うつく》しい錦《にし》絵《き》新《え》聞《しん》

『東京日日新聞《とうきょうにちにちしんぶん》』の第《だい》445号《ごう》（1873年発行《ねんはっこう》）にのった、たぬきが三《み》つ目《め》の化《ば》け物《もの》になったという記事《きじ》をもとにかかれた錦絵新聞《にしきえしんぶん》の一部《いちぶ》
1874年発行　東京大学法学部附属明治新聞雑誌文庫所蔵

錦絵新聞《にしきえしんぶん》とは

明治時代《めいじじだい》に入《はい》ると次《つぎ》つぎと新聞《しんぶん》が発行《はっこう》され、新聞《しんぶん》が広《ひろ》まっていったよ。でも、写真《しゃしん》の技術《ぎじゅつ》がなかった当時《とうじ》、新聞《しんぶん》には写真《しゃしん》がなく、文字《もじ》だけ。まだ教育《きょういく》が十分《じゅうぶん》ではなかったから、文字《もじ》がわからず新聞《しんぶん》を読《よ》めない人《ひと》もたくさんいたんだ。そんななか、錦絵新聞《にしきえしんぶん》は、新聞記事《しんぶんきじ》の内容《ないよう》を錦絵《にしきえ》で表現《ひょうげん》していたから、文字《もじ》が読《よ》めない人《ひと》も理解《りかい》することができて、人気《にんき》になったよ。新聞記事《しんぶんきじ》のなかでも、男女《だんじょ》のうわさ話《ばなし》や、ゆうれいを見《み》たという不思議《ふしぎ》な話《はなし》、人《ひと》びとがびっくりするような殺人事件《さつじんじけん》が多《おお》く取《と》り上《あ》げられていたんだ。発行《はっこう》された新聞《しんぶん》の記《き》事《じ》をもとにするうえに、これだけの絵《え》をかくには手間《てま》がかかるから、読者《どくしゃ》の手元《てもと》に届《とど》くのはだいぶ遅《おそ》くなってしまう。だから、そのうち、ひらがなで書《か》かれた絵《え》入《い》りの新聞《しんぶん》ができると、錦絵新聞《にしきえしんぶん》の人気《にんき》がなくなってしまったんだ。錦絵新聞《にしきえしんぶん》は作《つく》られてから６～７年《ねん》で終《お》わってしまったんだよ。

毎朝《まいあさ》、家《いえ》まで届《とど》けられる新聞《しんぶん》。
いったいだれが、運《はこ》んできてくれるのかな。
昔《むかし》はどんなふうに販売《はんばい》されていたんだろう？

江戸《えど》

江戸時代《えどじだい》、新聞《しんぶん》はまだなく、事件《じけん》や天災《てんさい》のニュースを木版《もくはん》で刷《す》った「かわら版《ばん》」が作《つく》られていた。かわら版《ばん》を読《よ》みながら売《う》り歩《ある》く「読《よ》み売《う》り」という人《ひと》がいたんだ。大声《おおごえ》で記事《きじ》を読《よ》んで注目《ちゅうもく》を集《あつ》めながら新聞《しんぶん》を売《う》っていたよ。

明治《めいじ》

明治《めいじ》のなかごろになると、新聞社《しんぶんしゃ》ができて配達制度《はいたつせいど》が整《ととの》い、新聞《しんぶん》が直接家庭《ちょくせつかてい》に配《くば》られるしくみができた。長《なが》い棒《ぼう》に新聞《しんぶん》を入《い》れた箱《はこ》をつけて歩《ある》いて運《はこ》んだよ。時間《じかん》がかかったけれど、その日《ひ》のうちに届《とど》けばだれも文句《もんく》は言《い》わなかったよ。

わたしたちが届《とど》けます！

～新聞《しんぶん》販売《はんばい》の歴史《れきし》～

昭和《しょうわ》

第二次世界大戦《だいにじせかいたいせん》が始《はじ》まると大人《おとな》の男《おとこ》たちは戦場《せんじょう》へ行《い》ってしまい、新《しん》聞《ぶん》を届《とど》ける人《ひと》も少《すく》なくなった。そこでがんばったのが「新聞少年《しんぶんしょうねん》」と呼《よ》ばれた少年《しょうねん》たち。毎朝《まいあさ》、近所《きんじょ》の家《いえ》に走《はし》って届《とど》けたよ。人《ひと》びとはその新聞《しんぶん》で戦争《せんそう》の様子《ようす》を知《し》ったんだ。

現代《げんだい》

いまでは、スクーターに乗《の》って新《しん》聞《ぶん》を配達《はいたつ》するのが主流《しゅりゅう》だよ。歩《ある》いて配《くば》るよりも、たくさんの家《いえ》に届《とど》けられるんだ。明《あ》け方《がた》にはスクーターに新聞《しんぶん》を積《つ》みこんで、雨《あめ》の日《ひ》も、雪《ゆき》の日《ひ》も、みんなの家《いえ》に運《はこ》んでくれているよ。

昔《むかし》は文字《もじ》を「拾《ひろ》って」いた!?

～新聞印刷《しんぶんいんさつ》の歴史《れきし》～

同《おな》じ新聞記事《しんぶんきじ》を広《ひろ》くたくさんの人《ひと》に読《よ》んでもらうには、何枚《なんまい》も印刷《いんさつ》する必《ひつ》要《よう》があるね。いまでは、だれでも気軽《きがる》にコピー機《き》やプリンターを使《つか》えるけれど、昔《むかし》は印刷《いんさつ》の専門家《せんもんか》にしかできない、大変《たいへん》な仕事《しごと》だったんだよ。

写真提供：凸版印刷株式会社 印刷博物館

活字《かつじ》

職人《しょくにん》たちは、どこのたなにどの文字《もじ》があるのか、体《からだ》で覚《おぼ》えてすばやく拾《ひろ》っていた　写真提供：凸版印刷株式会社 印刷博物館

活版《かっぱん》。拾《ひろ》った活字《かつじ》を枠《わく》で固定《こてい》して版《はん》を作《つく》り印刷《いんさつ》する
写真提供：凸版印刷株式会社 印刷博物館

新聞印刷《しんぶんいんさつ》の始《はじ》まりは活版印刷《かっぱんいんさつ》

新聞《しんぶん》は、明治時代《めいじじだい》から「活字《かつじ》」というハンコのようなものを使《つか》い、活版印刷《かっぱんいんさつ》という方法《ほうほう》で作《つく》るようになったよ。ハンコは、ほかより高《たか》い文字《もじ》の部分《ぶぶん》だけにインクがつき、紙《かみ》におすと文字《もじ》が写《うつ》るしくみだ。1文字《もじ》ずつほられた活字《かつじ》を、原稿《げんこう》の文字《もじ》の順《じゅん》番《ばん》に枠《わく》に並《なら》べて活版《かっぱん》にしていたよ。この活字《かつじ》を集《あつ》める作業《さぎょう》を「活字《かつじ》を拾《ひろ》う」と呼《よ》んでいたんだ。文字《もじ》の順番《じゅんばん》や向《む》きをまちがえてはいけないし、新聞《しんぶん》が読《よ》みやすいようにうまく余白《よはく》を作《つく》らないといけない。いまよりずっと手間《てま》がかかっていたんだね。

ファインダー

写真提供：亮月写植室

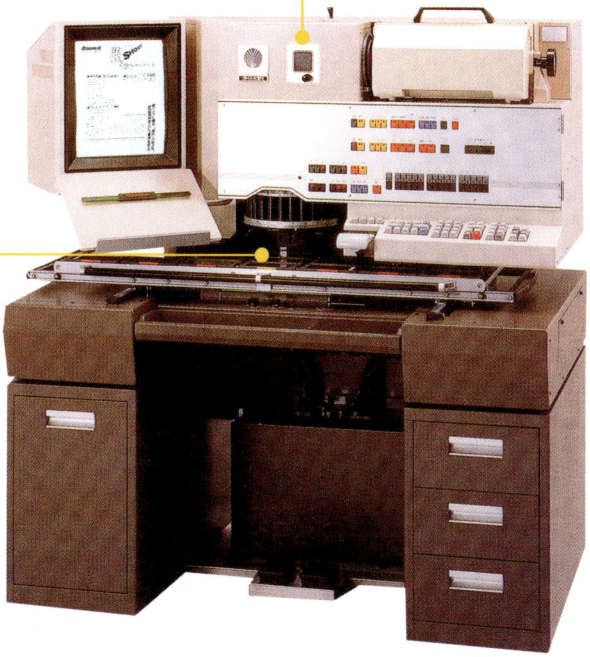

写真植字機　写研「PAVO-KY」（1987年）
写真提供：亮月写植室

写植機《しゃしょくき》のしくみ

写植機《しゃしょくき》には、黒地《くろじ》に透明《とうめい》の文字《もじ》が並《なら》んだガラスの文字盤《もじばん》が入《はい》っている。その文字盤《もじばん》のなかから原稿《げんこう》の文字《もじ》を選《えら》んでシャッターを切《き》り、写真《しゃしん》を撮《と》るのが写植機《しゃしょくき》の方法《ほうほう》。文字盤《もじばん》を動《うご》かして、印字《いんじ》したい文字《もじ》をランプの上《うえ》にもっていき、シャッターを切《き》った瞬間《しゅんかん》、文字《もじ》の形《かたち》で通《とお》りぬけた光《ひかり》が印字《いんじ》されるしくみだよ。印字《いんじ》したい文字《もじ》はファインダーで確認《かくにん》しながら選《えら》ぶよ。

活字拾《かつじひろ》いから写植《しゃしょく》、コンピューターへ

戦後《せんご》、より速《はや》く、正確《せいかく》に印刷《いんさつ》する技術《ぎじゅつ》を求《もと》める声《こえ》が高《たか》まり、印刷技術《いんさつぎじゅつ》はまたたく間《ま》に進歩《しんぽ》していったよ。手間《てま》のかかる作業《さぎょう》だった活字拾《かつじひろ》いの時間《じかん》を短縮《たんしゅく》する技術《ぎじゅつ》が開発《かいはつ》されたんだ。

1960年《ねん》ごろ、文章《ぶんしょう》を記号化《きごうか》して紙《かみ》テープに出力《しゅつりょく》し、その紙《かみ》テープを読《よ》み取《と》って活字《かつじ》を１つずつ鋳造《ちゅうぞう》する「活字鋳植機《かつじちゅうしょくき》」が発明《はつめい》されたよ。その後《ご》、文字《もじ》を写真《しゃしん》として撮影《さつえい》して印字《いんじ》していく「写真植字機《しゃしんしょくじき》（写植機《しゃしょくき》）」が発明《はつめい》され、1990年代《ねんだい》まで活躍《かつやく》したんだ。1990年代以降《ねんだいいこう》は、コンピューターで原稿作《げんこうづく》りから印刷《いんさつ》までできる技術《ぎじゅつ》が急速《きゅうそく》に発展《はってん》。印刷《いんさつ》のスピードはどんどん速《はや》くなっていったよ！

大《おお》きくても小《ちい》さくても効果絶大《こうかぜつだい》!? ～新聞広告事情《しんぶんこうこくじじょう》～

新聞《しんぶん》を広《ひろ》げて、広告《こうこく》を探《さが》してみよう。紙面《しめん》のなかで広告《こうこく》の分量《ぶんりょう》は、意外《いがい》と多《おお》いことに気《き》がつくはず。新聞社《しんぶんしゃ》は広告《こうこく》をのせるかわりに、広告主《こうこくぬし》から広告掲載料《こうこくけいさいりょう》をもらって新聞作《しんぶんづく》りの費用《ひよう》にしているんだ。広告掲載料《こうこくけいさいりょう》は、掲載《けいさい》する場所《ばしょ》や大《おお》きさ、新聞《しんぶん》が販売《はんばい》される地域《ちいき》、カラーか白黒《しろくろ》かで変《か》わるよ。いろんな種類《しゅるい》があるから探《さが》してみよう！

全面広告《ぜんめんこうこく》

１面《めん》の全体《ぜんたい》を使《つか》った広告《こうこく》。全国紙《ぜんこくし》だと、掲載料《けいさいりょう》は4,000万円《まんえん》くらい！

OOマンション

二連版広告《にれんばんこうこく》

２面分《めんぶん》を使《つか》ったインパクトの大《おお》きい広告《こうこく》。大《おお》きい分《ぶん》、掲載料《けいさいりょう》は全面広告《ぜんめんこうこく》の約《やく》２倍《ばい》！

新聞《しんぶん》にこれだけ大《おお》きくのせたんだから大《だい》丈夫《じょうぶ》。きっと売《う》れるはずだ！ たのむぞ!!

広告《こうこく》いろいろ

入《はい》る位置《いち》や、大《おお》きさによって、広告《こうこく》の効果《こうか》はいろいろ。小《ちい》さい広告《こうこく》は全面広告《ぜんめんこうこく》や二連版広告《にれんばんこうこく》ほど掲載料《けいさいりょう》が高《たか》くないから、いろんな商品《しょうひん》やサービスが紹介《しょうかい》されているんだ。新聞《しんぶん》ならではの広告《こうこく》スタイルを見《み》つけよう！

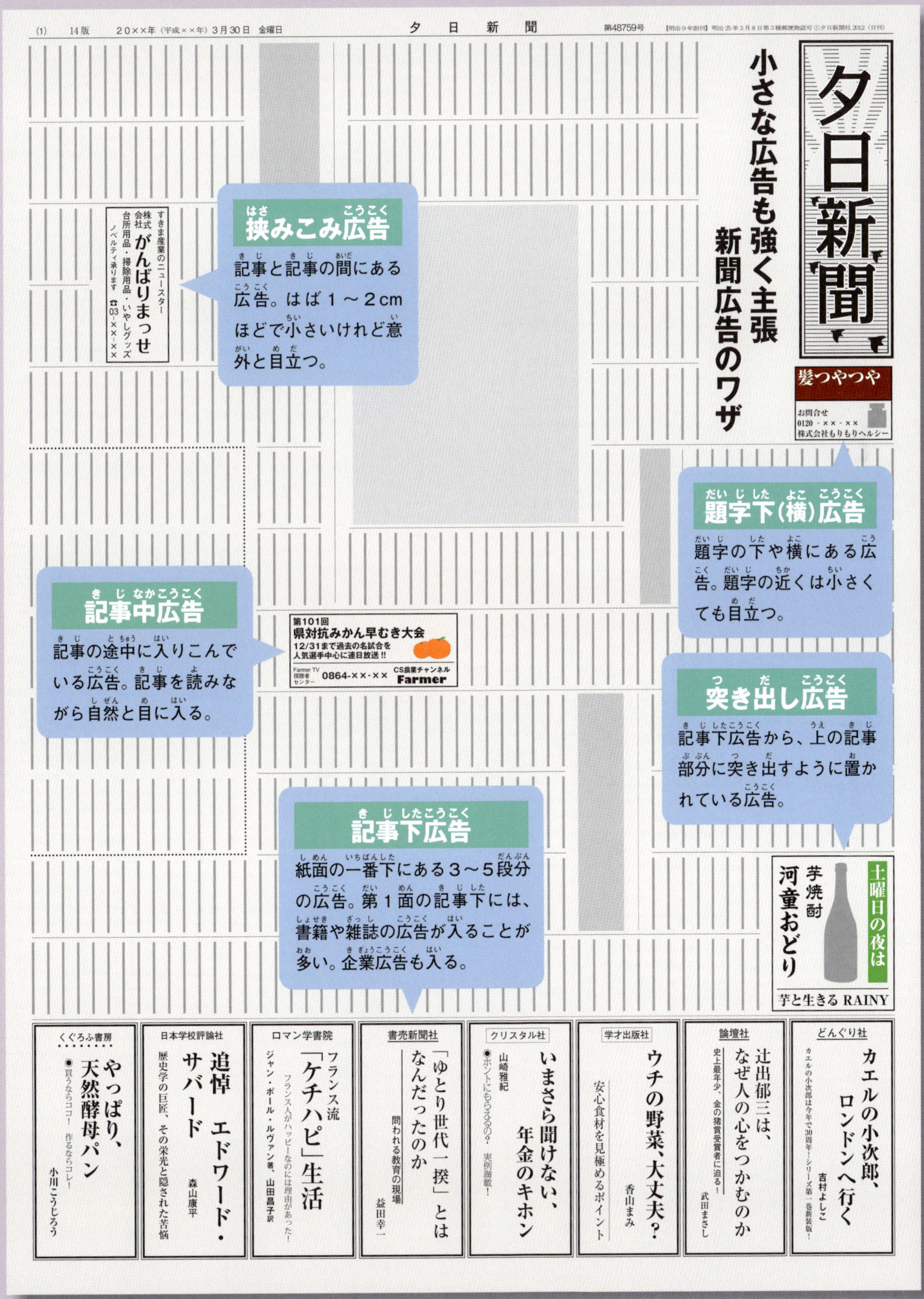

挟《はさ》みこみ広告《こうこく》

記事《きじ》と記事《きじ》の間《あいだ》にある広告《こうこく》。はば1～2cmほどで小《ちい》さいけれど意外《いがい》と目立《めだ》つ。

題字下《だいじした》（横《よこ》）広告《こうこく》

題字《だいじ》の下《した》や横《よこ》にある広告《こうこく》。題字《だいじ》の近《ちか》くは小《ちい》さくても目立《めだ》つ。

記事中広告《きじなかこうこく》

記事《きじ》の途中《とちゅう》に入《はい》りこんでいる広告《こうこく》。記事《きじ》を読《よ》みながら自然《しぜん》と目《め》に入《はい》る。

突《つ》き出《だ》し広告《こうこく》

記事下広告《きじしたこうこく》から、上《うえ》の記事《きじ》部分《ぶぶん》に突《つ》き出《だ》すように置《お》かれている広告《こうこく》。

記事下広告《きじしたこうこく》

紙面《しめん》の一番下《いちばんした》にある3～5段分《だんぶん》の広告《こうこく》。第《だい》1面《めん》の記事下《きじした》には、書籍《しょせき》や雑誌《ざっし》の広告《こうこく》が入《はい》ることが多《おお》い。企業広告《きぎょうこうこく》も入《はい》る。

新《しん》聞《ぶん》広《こう》告《こく》美《び》術《じゅつ》館《かん》へようこそ！

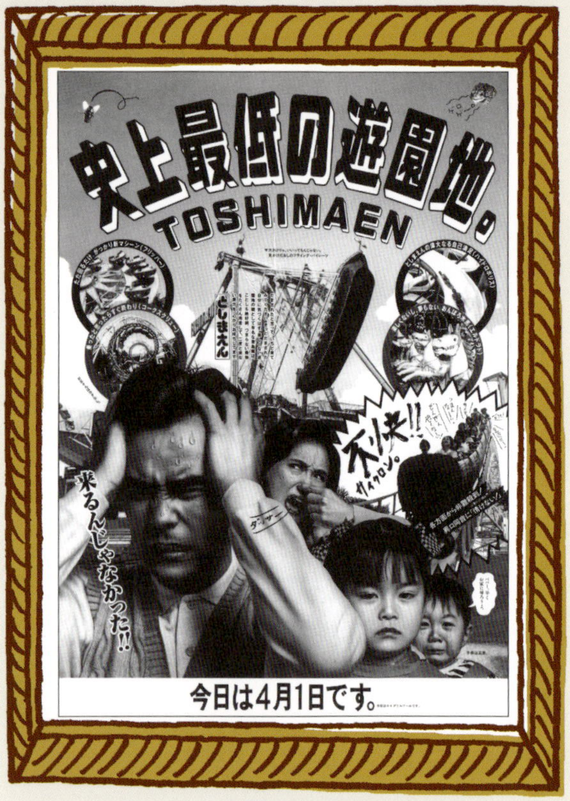

遊園地《ゆうえんち》のイメージとは真逆《まぎゃく》の表現《ひょうげん》を使《つか》って注目《ちゅうもく》を集《あつ》めた広告《こうこく》。掲載日《けいさいび》はエイプリルフール。シャレの効《き》いた遊《あそ》びを見《み》せて話題《わだい》になった

広告主＝株式会社豊島園／掲載日＝1990年4月1日／掲載紙＝読売新聞、朝日新聞など

毎年《まいとし》決まって成人《せいじん》の日《ひ》の朝刊《ちょうかん》に掲載《けいさい》される、お酒《さけ》メーカーの広告《こうこく》。大人《おとな》の仲間《なかま》入りをした新成人《しんせいじん》を、粋《いき》な文章《ぶんしょう》でお祝《いわ》いしている

広告主＝サントリー株式会社／掲載日＝1995年1月15日／掲載紙＝読売新聞、朝日新聞など

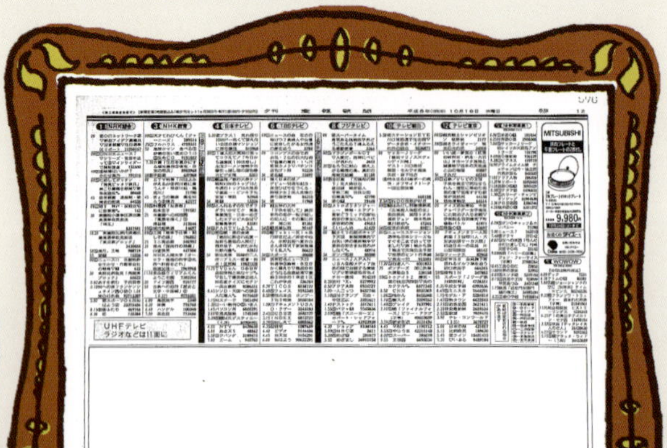

「もし、広告《こうこく》がなかったら」をテーマに作《つく》られた広告《こうこく》。真《ま》んなかに小《ちい》さく企業名《きぎょうめい》だけ書《か》かれている。空白《くうはく》になっていることで、ふだん新聞広告《しんぶんこうこく》が提供《ていきょう》している情報量《じょうほうりょう》を実感《じっかん》できる

広告主＝株式会社ロッテ／掲載日＝1996年10月16日／掲載紙＝産経新聞 無断転載・複写不可

日本新聞博物館所蔵

商品《しょうひん》や企業《きぎょう》のサービスをただ伝《つた》える広告《こうこく》だけではなく、ちょっと変《か》わった表現《ひょうげん》をして、人《ひと》びとの興味《きょうみ》を引《ひ》く広告《こうこく》があるよ！ この６つの広告《こうこく》が、なんの広告《こうこく》かわかるかな？

ベトナム戦争《せんそう》に反対《はんたい》する意見広告《いけんこうこく》。「殺《ころ》すな」の文字《もじ》は岡本太郎《おかもとたろう》（1911～1996）によるもの。新聞社《しんぶんしゃ》の審査《しんさ》はあるが広告《こうこく》はだれでも出せる
広告主＝ベトナムに平和を！市民連合／掲載日＝1967年４月３日／掲載紙＝ワシントンポスト

マンガ『ONE PIECE』の総発行部数《そうはっこうぶすう》２億冊《おくさつ》突破記念《とっぱきねん》キャンペーンの広告《こうこく》。マンガのワンシーンを使用《しよう》することで、ファンの目《め》を引く迫力《はくりょく》のある広告《こうこく》になっている
広告主＝株式会社集英社／掲載日＝2011年２月21日／掲載紙＝読売新聞　ⓒ尾田栄一郎／集英社

ただ低価格《ていかかく》をめざすだけではなく商品《しょうひん》の品質《ひんしつ》をより高《たか》めていくという姿勢《しせい》を、消費者《しょうひしゃ》に伝《つた》える企業広告《きぎょうこうこく》。文字《もじ》だけで率直《そっちょく》に表現《ひょうげん》している
広告主＝株式会社ファーストリテイリング／掲載日＝2004年9月27日／掲載紙＝読売新聞など

国立国会図書館所蔵

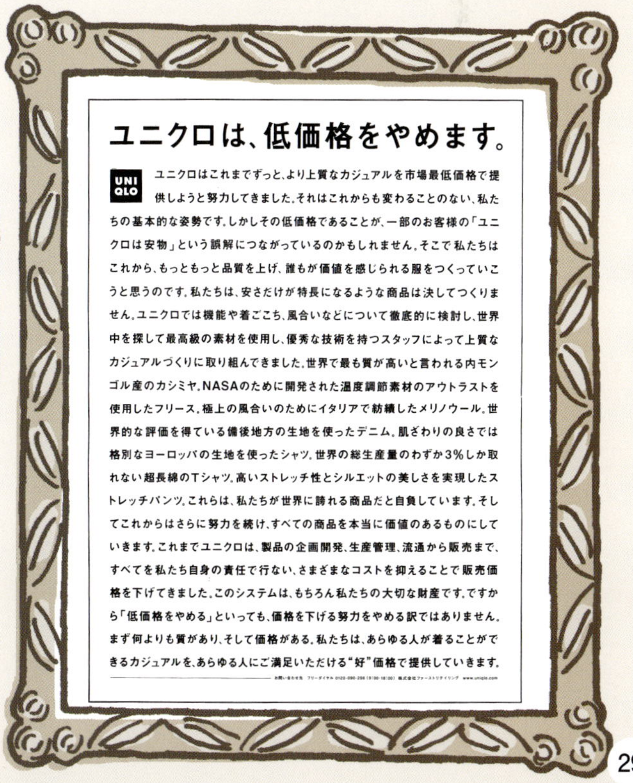
ユニクロは、低価格をやめます。

UNI QLO

ユニクロはこれまでずっと、より上質なカジュアルを市場最低価格で提供しようと努力してきました。それはこれからも変わることのない、私たちの基本的な姿勢です。しかしその低価格であることが、一部のお客様の「ユニクロは安物」という誤解につながっているのかもしれません。そこで私たちはこれから、もっともっと品質を上げ、誰もが価値を感じられる服をつくっていこうと思うのです。私たちは、安さだけが特長になるような商品は決してつくりません。ユニクロでは機能や着ごこち、風合いなどについて徹底的に検討し、世界中を探して最高級の素材を使用し、優秀な技術を持つスタッフによって上質なカジュアルづくりに取り組んできました。世界で最も質が高いと言われる内モンゴル産のカシミヤ。NASAのために開発された温度調節素材のアウトラストを使用したフリース。極上の風合いのためにイタリアで紡績したメリノウール。世界的な評価を得ている備後地方の生地を使ったデニム。肌ざわりの良さでは格別なヨーロッパの生地を使ったシャツ。世界の総生産量のわずか3%しか取れない超長綿のTシャツ。高いストレッチ性とシルエットの美しさを実現したストレッチパンツ。これらは、私たちが世界に誇れる商品だと自負しています。そしてこれからはさらに努力を続け、すべての商品を本当に価値のあるものにしていきます。これまでユニクロは、製品の企画開発、生産管理、流通から販売まで、すべてを私たち自身の責任で行ない、さまざまなコストを抑えることで販売価格を下げてきました。このシステムは、もちろん私たちの大切な財産です。ですから「低価格をやめる」といっても、価格を下げる努力をやめる訳ではありません。まず何よりも質があり、そして価格がある。私たちは、あらゆる人が着ることができるカジュアルを、あらゆる人にご満足いただける"好"価格で提供していきます。

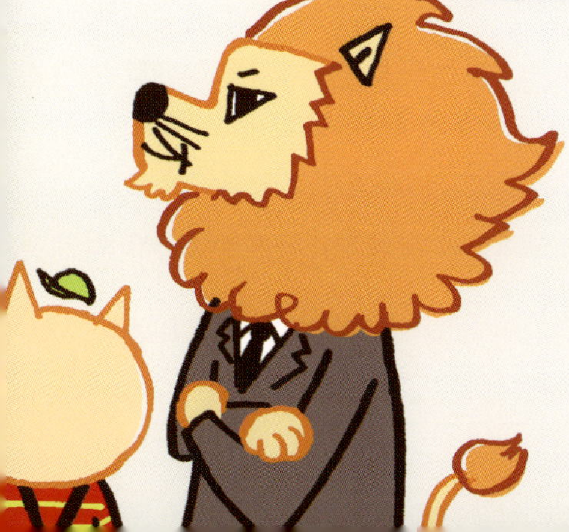

広《こう》告《こく》は時《じ》代《だい》を映《うつ》す

昭和初期《しょうわしょき》の「ヘチマコロン」広告《こうこく》

たて約14.5cm×横約11cm

1929年《ねん》

「昔《むかし》、バナナは高級品《こうきゅうひん》だった」という話《はなし》、聞《き》いたことある？当時《とうじ》のバナナの広告《こうこく》だったら「特別《とくべつ》な日《ひ》に、バナナはいかが？」なんてキャッチフレーズをつけるかもしれない。けれど、いまだったら「安《やす》くて栄養《えいよう》のあるバナナ！」となるかも。同《おな》じ商品《しょうひん》でも時代《じだい》によって広告《こうこく》表現《ひょうげん》は変《か》わるんだ。1915年《ねん》に発売《はつばい》されてから現在《げんざい》まで販売《はんばい》され続《つづ》けている化粧品《けしょうひん》の新聞広告《しんぶんこうこく》で、表現《ひょうげん》の変化《へんか》を見《み》てみよう！

1920年《ねん》ごろから、アメリカやヨーロッパの生活《せいかつ》スタイルが日本《にほん》に広《ひろ》がり始《はじ》めたよ。庶民《しょみん》の間《あいだ》では、欧米《おうべい》の流行《りゅうこう》を取《と》り入《い》れたファッションがあこがれのまとだったんだ。そして、着《き》物《もの》ではなく洋服《ようふく》を着《き》た「モダンガール」が、近代的《きんだいてき》な女性《じょせい》のイメージとして広《ひろ》まったよ。そんな時代《じだい》の雰囲気《ふんいき》を反映《はんえい》して、「ヘチマコロン」の広告《こうこく》には、洋服《ようふく》を着《き》た女性《じょせい》のイラストが使《つか》われているんだ。広告文《こうこくぶん》のなかにも、時代《じだい》を感《かん》じさせる言葉《ことば》が入《はい》っているから探《さが》してみよう！

戦争《せんそう》がはげしくなってきたころの「ヘチマコロン」広告《こうこく》

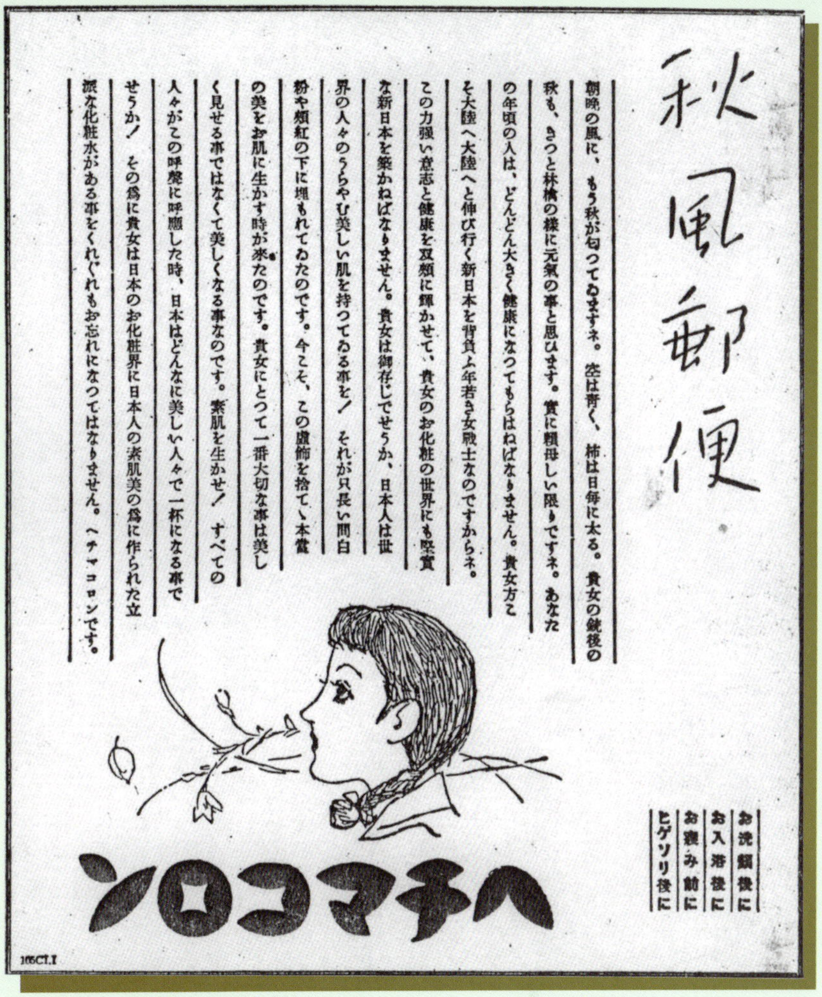

たて約14.5㎝×横約12㎝

1939年《ねん》

第二次世界大戦《だいにじせかいたいせん》が始《はじ》まり、人《ひと》びとの生活《せいかつ》に自制《じせい》が求《もと》められるようになった1930年代後半《ねんだいこうはん》。広告《こうこく》には、人《ひと》びとを戦争《せんそう》にかりたてる表現《ひょうげん》が増《ふ》えていったよ。上《うえ》の広《こう》告《こく》を見《み》てみよう。「貴女《あなた》の銃後《じゅうご》の秋《あき》も」という言葉《ことば》があるね。銃後《じゅうご》とは、戦場《せんじょう》で戦《たたか》う人《ひと》びとを支《ささ》える国民《こくみん》のことをさしているよ。女性《じょせい》のイラストの質素《しっそ》な雰囲気《ふんいき》や、素肌《すはだ》のほうが美《うつく》しいと強調《きょうちょう》する文章《ぶんしょう》から、おしゃれが規制《きせい》され始《はじ》めていることが感《かん》じられるね。昭和初期《しょうわしょき》の広告《こうこく》と比《くら》べてみよう。

たて約12㎝×横約9.5㎝

1930年《ねん》

資料提供：株式会社ヘチマコロン

一九二三年《ねん》 関東大震災《かんとうだいしんさい》

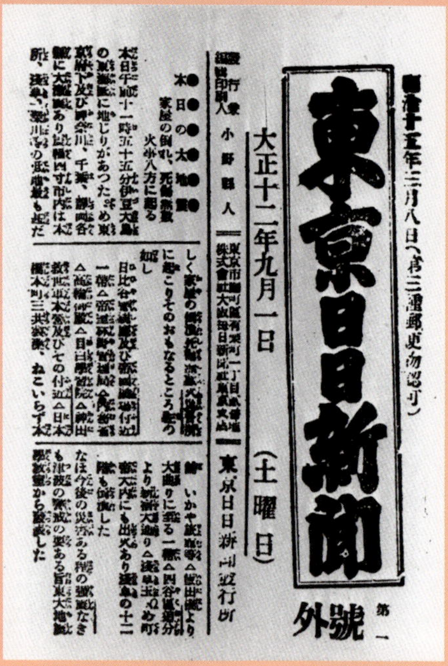
東京日日新聞
第一 號外
大正十二年九月一日（土曜日）
本日の大地震
家屋の倒れ、死傷無数
火事八方に起る

『東京日日新聞』（現在の毎日新聞） 1923年9月1日、号外
資料提供：毎日新聞社

情報《じょうほう》の大切《たいせつ》さを、みんなが実感《じっかん》するきっかけになったんだね。

大震災《だいしんさい》、その

大火災《だいかさい》を引《ひ》き起《お》こした大地震《おおじしん》

1923年《ねん》９月１日《がつついたち》、午前《ごぜん》11時《じ》58分《ふん》。神奈川《かながわ》県《けん》の南《みなみ》にある相模湾《さがみわん》を震源《しんげん》とした大地震《おおじしん》が起《お》きた。マグニチュードは7.9。東京《とうきょう》、神《か》奈川《ながわ》、千葉《ちば》、静岡《しずおか》の広《ひろ》い範囲《はんい》が大《おお》きな被害《ひがい》を受《う》けた。

当時《とうじ》は大正時代《たいしょうじだい》で、木造《もくぞう》の家《いえ》も多《おお》く、ほとんどの家《いえ》がこわれてしまったんだ。レンガ造《づく》りや石造《いしづく》りの建物《たてもの》もくずれてしまうなど被害《ひがい》が大《おお》きかった。多《おお》くの家《いえ》で昼《ひる》ご飯《はん》のしたくをしている時間《じかん》だったので、あちこちで火事《かじ》が起《お》きてしまった。家《いえ》が密集《みっしゅう》していた東京《とうきょう》では、火災《かさい》がどんどん広《ひろ》まってしまい、ようやくおさまったのは９月《がつ》３日《か》のこと。約《やく》９万人《まんにん》が亡《な》くなり、そのうち、約《やく》５万《まん》2000人《にん》が焼死《しょうし》したという大《おお》きな被害《ひがい》が出《で》た地震《じしん》だったんだ。

東京《とうきょう》にあった新聞社《しんぶんしゃ》も、ほとんどが焼《や》けてしまった。火事《かじ》の被害《ひがい》がなかった新聞社《しんぶんしゃ》でも、建物《たてもの》がこわれたり、停電《ていでん》などの被害《ひがい》で新聞《しんぶん》を印刷《いんさつ》できなくなってしまった。↗

新聞《しんぶん》がなくなり人《ひと》びとは混乱《こんらん》

↘なんとか新聞《しんぶん》を発行《はっこう》しようと、機械《きかい》を使《つか》うのをあきらめて、人《ひと》の手《て》で新聞《しんぶん》を刷《す》って号外《ごうがい》を出《だ》した新聞社《しんぶんしゃ》もあった。東京日日新《とうきょうにちにちしん》聞《ぶん》は「本日《ほんじつ》の大地震《おおじしん》　家屋《かおく》の倒《たお》れ、死傷無《ししょうむ》数火事八方《すうかじはっぽう》に起《おこ》る」という見出《みだ》しで、号外《ごうがい》を出《だ》して被害《ひがい》の大《おお》きさを伝《つた》えた。しかし、まだテレビもラジオもなかった当時《とうじ》、新聞《しんぶん》というたよりにしていた情報源《じょうほうげん》がなくなり、多《おお》くの人《ひと》たちは、「また地震《じしん》がくる」「火事《かじ》が起《お》きる」と、不安《ふあん》と恐怖《きょうふ》でいっぱいだった。その不安《ふあん》のなかで人《ひと》びとの間《あいだ》には「朝鮮人《ちょうせんじん》が火《ひ》をつけた」というデマが広《ひろ》まった。そして、日本《にほん》に住《す》んでいた朝鮮《ちょうせん》や中国《ちゅうごく》の人《ひと》たちに対《たい》する暴行《ぼうこう》や殺人《さつじん》などが多《た》発《はつ》してしまったんだ。

新聞社《しんぶんしゃ》は、正《ただ》しい情報《じょうほう》を早《はや》く届《とど》けられるようにしようと、新聞《しんぶん》の復活《ふっかつ》に力《ちから》を入《い》れて、関東大震災後《かんとうだいしんさいご》は新聞《しんぶん》がめざましく発展《はってん》していったんだ。

一九九五年《ねん》阪神《はんしん》・淡路大震災《あわじだいしんさい》

とき新聞《しんぶん》は!?

1 〜 611　神戸新聞
近畿で大地震
神戸新聞
夕刊
死者203人　不明331人
神戸、洲本震度6　県南部一帯を直撃
淡路島震源
M 7.2
高速道崩壊
家屋倒壊や火災
JR全線不通

『神戸新聞』1995年1月17日、夕刊、1面
地震発生当日《じしんはっせいとうじつ》の新聞《しんぶん》。被害《ひがい》の状況《じょうきょう》が十分《じゅうぶん》にわかっておらず、まだ災害《さいがい》の名前《なまえ》も決《き》まっていない

新聞社《しんぶんしゃ》も被害《ひがい》を受《う》けた

1995年《ねん》1月《がつ》17日《にち》、午前《ごぜん》5時《じ》46分《ぷん》。兵庫県《ひょうごけん》の淡路島北部《あわじしまほくぶ》を震源《しんげん》とした大地震《おおじしん》が起《お》きた。マグニチュードは7.3、神戸市《こうべし》や淡路島《あわじしま》にある洲本市《すもとし》では震度《しんど》6もあったんだよ。最終的《さいしゅうてき》に、約《やく》6,400人《にん》もの死者《ししゃ》が確認《かくにん》された。早朝《そうちょう》だったので寝《ね》ている人《ひと》が多《おお》く、たくさんの人《ひと》が家具《かぐ》や家《いえ》の下《した》じきになって亡《な》くなってしまったんだ。がんじょうな高速道路《こうそくどうろ》も横《よこ》だおしになってしまい、その被害《ひがい》は大《おお》きく報道《ほうどう》された。

新聞社《しんぶんしゃ》も大《おお》きな被害《ひがい》を受《う》けたよ。地元《じもと》の神戸新聞社《こうべしんぶんしゃ》は建物《たてもの》がこわれてしまった。それでも、ほかの新聞社《しんぶんしゃ》の助《たす》けを借《か》りながら、新聞《しんぶん》の発行《はっこう》を1日《にち》も休《やす》まなかったんだ。被害《ひがい》の状況《じょうきょう》や安否《あんぴ》の情報《じょうほう》、被災者《ひさいしゃ》の生活《せいかつ》について記事《きじ》を書《か》いて、発行《はっこう》したんだ。ほかの新聞社《しんぶんしゃ》でも、新聞《しんぶん》を配達《はいたつ》する人《ひと》たちが被害《ひがい》を受《う》けたり、交通《こうつう》がまひしたりしていて、新聞《しんぶん》はいつも通《どお》りには届《とど》けられなかった。配達《はいたつ》できなかった分《ぶん》を避難所《ひなんじょ》で無料《むりょう》で配《くば》って住民《じゅうみん》たちからよろこばれたんだよ。↗

集中《しゅうちゅう》する取材《しゅざい》に批判《ひはん》の声《こえ》

↘しかし、新聞《しんぶん》はよろこばれただけではなかった。被害《ひがい》を受《う》けた人《ひと》たちのなかには、たくさんの記者《きしゃ》に何度《なんど》もつらい気持《きも》ちを聞《き》かれたり、カメラマンに写真《しゃしん》を撮《と》られたりして、いやな思《おも》いをした人《ひと》もいたんだ。取材《しゅざい》で飛《と》んでいるヘリコプターの音《おと》がうるさくて、助《たす》けを呼《よ》ぶ声《こえ》が聞《き》こえないという問題《もんだい》もあった。一方《いっぽう》で、新聞《しんぶん》やテレビで被害《ひがい》の大《おお》きさを知《し》った多《おお》くの人《ひと》たちが、遠《とお》くからボランティアとして被災地《ひさいち》にやってくるきっかけにもなったんだ。

また、関西地方《かんさいちほう》で起《お》きたこの大震災《だいしんさい》は、時間《じかん》が経《た》つにつれて東京《とうきょう》やほかの地方《ちほう》の新聞《しんぶん》では取《と》り上《あ》げられなくなってしまい、被災地《ひさいち》の人《ひと》から批判《ひはん》された。一時的《いちじてき》な被害《ひがい》の状況《じょうきょう》だけではなく、復興《ふっこう》の様子《ようす》や、被害《ひがい》を受《う》けた人《ひと》たちの努力《どりょく》など、新聞《しんぶん》にはまだまだ取《と》り上《あ》げてほしいことがたくさんあったからなんだ。

石巻日日新聞《いしのまきひびしんぶん》の6日間《かかん》

知《し》る安心《あんしん》を届《とど》けたい

2011年《ねん》３月《がつ》11日《にち》午後《ごご》２時《じ》46分《ぶん》、マグニチュード9.0の大《おお》きな地震《じしん》が東北地方《とうほくちほう》の太平洋沖《たいへいようおき》で発生《はっせい》したよ。東日本《ひがしにほん》の広《ひろ》い地域《ちいき》が大《おお》きくゆれ、大津波《おおつなみ》が太平洋沿岸《たいへいようえんがん》の地域《ちいき》におしよせた東日本大震災《ひがしにほんだいしんさい》だ。昼間《ひるま》だったから、多《おお》くの人《ひと》が外出中《がいしゅつちゅう》に被災《ひさい》した。なんとか無事《ぶじ》だった人《ひと》も、どこでなにが起《お》こっているのか状況《じょうきょう》を知《し》ることができないまま、避難所《ひなんじょ》で不安《ふあん》な時間《じかん》をすごしたんだ。そんななか宮城県石巻市《みやぎけんいしのまきし》の石巻日日新聞社《いしのまきひびしんぶんしゃ》は、津波《つなみ》による浸水《しんすい》で印刷機《いんさつき》がこわれてしまった。そこで、大《おお》きな手書《てが》きの号外《ごうがい》を発行《はっこう》して避難所《ひなんじょ》にはり出《だ》したよ。自分自身《じぶんじしん》も被災《ひさい》しながらも記者《きしゃ》たちは、地元《じもと》の被害状況《ひがいじょうきょう》や、親《した》しい人《ひと》の安否《あんぴ》など、みんなが求《もと》めている身近《みぢか》な情報《じょうほう》を伝《つた》えたんだ。印刷《いんさつ》を再開《さいかい》するまでの６日間《かかん》、地域《ちいき》の人《ひと》から情報《じょうほう》を集《あつ》めて号外《ごうがい》を発行《はっこう》し続《つづ》けたよ。

１日目《にちめ》　3/12

無事《ぶじ》かどうかわからない記者《きしゃ》もいるなか、地域《ちいき》の人《ひと》から体験情報《たいけんじょうほう》やもくげき情報《じょうほう》を集《あつ》めて記事《きじ》を書《か》き上《あ》げ、５カ所《しょ》の避難所《ひなんじょ》にはった。この日《ひ》、福島第一原子力発電所《ふくしまだいいちげんしりょくはつでんしょ》１号機《ごうき》で爆発《ばくはつ》があり、これ以降《いこう》、全国紙《ぜんこくし》やテレビは原発《げんぱつ》の動向《どうこう》を大《おお》きく報道《ほうどう》し続《つづ》けた。

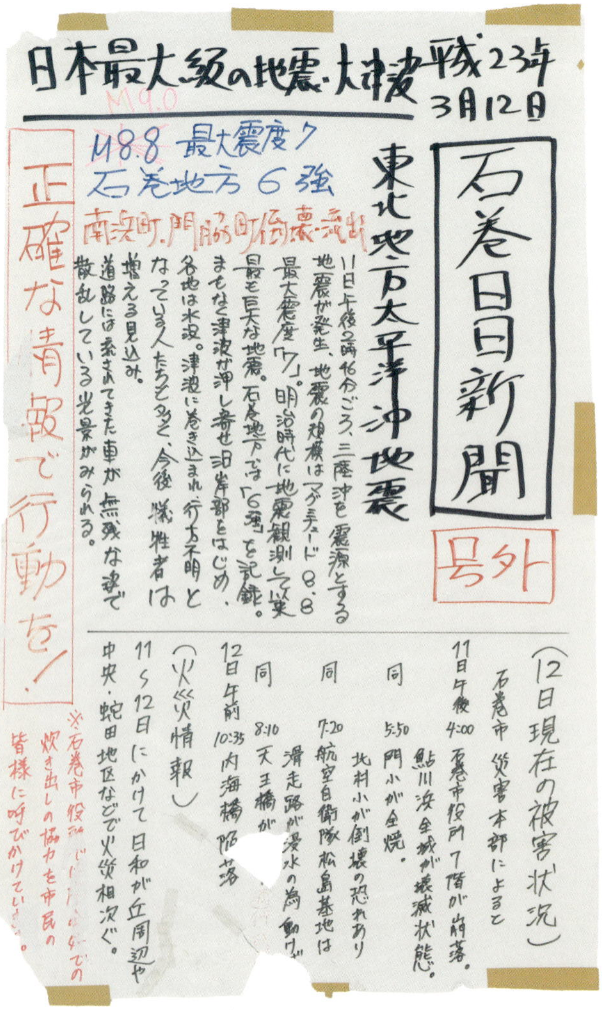

石巻日日新聞

号外

日本最大級の地震・大津波　平成23年3月12日

M9.0

M8.8 最大震度7
石巻地方 6強

南浜町、門脇町倒壊・流出

東北地方太平洋沖地震

11日午後2時46分ごろ、三陸沖を震源とする地震が発生、地震の規模はマグニチュード8.8、最大震度「7」。明治時代に地震観測して以来最も巨大な地震。石巻地方では「6強」を記録。まもなく津波が押し寄せ沿岸部をはじめ各地は水没。津波に巻き込まれ行方不明となっている人たちも多く、今後犠牲者は増える見込み。道路には流されてきた車が無残な姿で散乱している光景がみられる。

正確な情報で行動を！

（12日現在の被害状況）

石巻市災害本部によると

11日午後4:00　石巻市役所7階が崩落。
鮎川浜全域が壊滅状態。

同 5:50　門小が全焼。
北村小が倒壊の恐れあり

同 7:20　航空自衛隊松島基地は滑走路が浸水の為動けず

同 8:10　天王橋が

12日午前10:35　内海橋陥落

（火災情報）

11～12日にかけて日和が丘周辺や中央・蛇田地区などで火災相次ぐ。

※石巻市役所　での炊き出しの協力を市民の皆様に呼びかけています。

2日目《かめ》 3/13

だんだんと伝《つた》わってきた地域《ちいき》ごとの被害《ひがい》の状況《じょうきょう》とともに、自衛隊《じえいたい》の到着《とうちゃく》や、電気《でんき》が復旧《ふっきゅう》し始《はじ》めていることを伝えた。読者《どくしゃ》のことを考《かんが》え、あえて被害状況《ひがいじょうきょう》にふみこむ表現《ひょうげん》をさけた。街《まち》をおおう水《みず》が引《ひ》き始《はじ》めたが、多《おお》くの道《みち》は浸水《しんすい》し、がれきが交通《こうつう》をさまたげていた。

3日目《かめ》 3/14

各地《かくち》のすさまじい被害《ひがい》の情報《じょうほう》が入《はい》ってくるようになる。しかし、この号外《ごうがい》を読《よ》んだ人《ひと》が希望《きぼう》を失《うしな》わないように気《き》を配《くば》った。支援物資《しえんぶっし》の状況《じょうきょう》や県《けん》、市《し》の動《うご》きを中心《ちゅうしん》に伝《つた》えて、被害《ひがい》の状況《じょうきょう》は最低限《さいていげん》にとどめた。この日《ひ》、福島第一《ふくしまだいいち》原子力発電所《げんしりょくはつでんしょ》３号機《ごうき》でも爆発《ばくはつ》が起《お》こった。

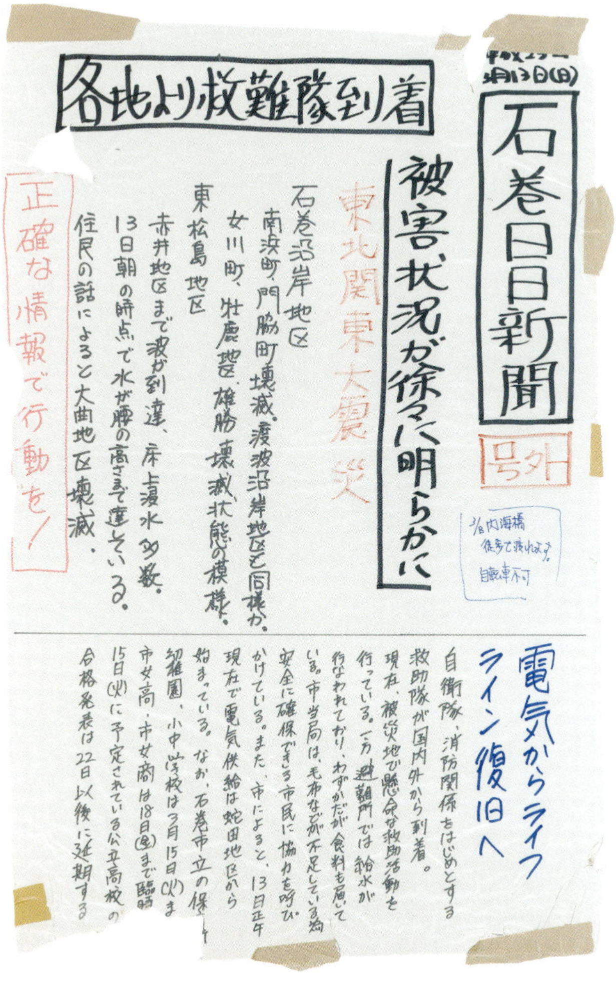

平成23年3月13日(日)

石巻日日新聞

号外

各地より救難隊到着

被害状況が徐々に明らかに

東北関東大震災

石巻沿岸地区
南浜町、門脇町壊滅。渡波沿岸地区も同様か。
女川町、牡鹿地区、雄勝壊滅状態の模様。

東松島地区
赤井地区まで波が到達、床上浸水多数。
13日朝の時点で水が腰の高さまで達している。
住民の話によると大曲地区壊滅。

正確な情報で行動を！

3/13内海橋
徒歩で渡れます。
自転車不可

電気からライフライン復旧へ

自衛隊、消防関係をはじめとする救助隊が国内外から到着。現在、被災地で懸命な救助活動を行っている。一方、避難所では給水が行なわれており、わずかだが食料も届いている。市当局は、毛布などが不足している為安全に確保できる市民に協力を呼びかけている。また、市によると、13日正午現在で電気供給は蛇田地区から始まっている。なお、石巻市立の保育園、幼稚園、小中学校は3月15日(火)まで、市女高、市女商は18日(金)まで臨時休校。15日(火)に予定されている公立高校の合格発表は22日以後に延期する

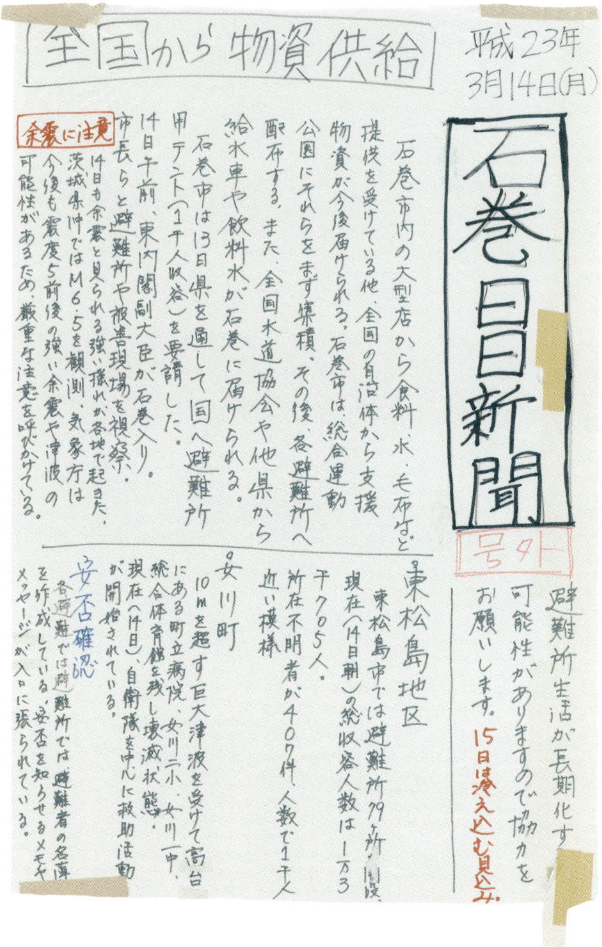

平成23年3月14日(月)

石巻日日新聞

号外

全国から物資供給

石巻市内の大型店から食料、水、毛布など提供を受けている他、全国の自治体から支援物資が今後届けられる。石巻市は、総合運動公園にそれらをまず集積、その後、各避難所へ配布する。また、全国水道協会や他県から給水車や飲料水が石巻に届けられる。

石巻市は13日県を通して国へ避難所用テント（1千人収容）を要請した。

14日午前、東内閣副大臣が石巻入り。市長らと避難所や被害現場を視察。

余震に注意

14日も余震と見られる強い揺れが各地で起きた。茨城県沖ではM6.5を観測、気象庁は今後も震度5前後の強い余震や津波の可能性があるため、厳重な注意を呼びかけている。

東松島地区

東松島市では避難所79ヶ所、開設。現在（14日朝）の総収容人数は1万3千705人。
所在不明者が407件、人数で1千人近い模様

女川町

10mを超す巨大津波を受けて高台にある町立病院、女川二小、女川一中、総合体育館を残し壊滅状態。
現在（14日）、自衛隊を中心に救助活動が開始されている。

安否確認

各避難所では、避難者の名簿を作成している。避難所では、安否を知らせるメモやメッセージが入口に張られている。

避難所生活が長期化する可能性がありますので協力をお願いします。

15日は冷え込む見込み。

資料提供：石巻日日新聞社
国立国会図書館所蔵

4日目《かめ》 3/15

安否情報《あんぴじょうほう》の確認手段《かくにんしゅだん》やボランティアの募集《ぼしゅう》など、被災者《ひさいしゃ》の生活《せいかつ》に密着《みっちゃく》した情報《じょうほう》を伝《つた》えた。一部《いちぶ》の地域《ちいき》で携帯電話《けいたいでんわ》やメールが通《つう》じるようになったが、水《みず》や電気《でんき》はまだ復旧《ふっきゅう》していない。テレビなどでは、福島第一原子力発電所《ふくしまだいいちげんしりょくはつでんしょ》からの放射能《ほうしゃのう》もれが報《ほう》じられていた。

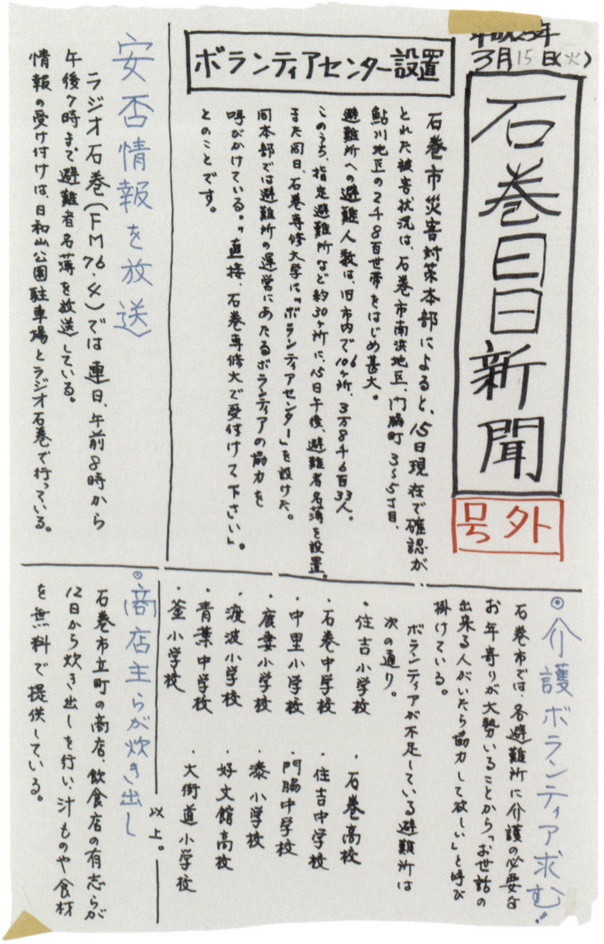

石巻日日新聞

号外

3月15日(火)

ボランティアセンター設置

石巻市災害対策本部によると、15日現在で確認がとれた被害状況は、石巻市南浜地区、門脇町3～5丁目、鮎川地区の2千8百世帯をはじめ甚大。

避難所への避難人数は、旧市内で106ヶ所、3万8千6百33人。このうち、指定避難所など約30ヶ所に、避難者名簿を設置。

また同日、石巻専修大学に"ボランティアセンター"を設けた。同本部では避難所の運営にあたるボランティアの協力を呼びかけている。"直接、石巻専修大で受付けて下さい"とのことです。

安否情報を放送

ラジオ石巻(FM76.4)では連日、午前8時から午後7時まで避難者名簿を放送している。情報の受け付けは、日和山公園駐車場とラジオ石巻で行っている。

◎介護ボランティア求む!

石巻市では、各避難所に介護の必要なお年寄りが大勢いることから「お世話の出来る人がいたら協力して欲しい」と呼び掛けている。

ボランティアが不足している避難所は次の通り。

・住吉小学校　・石巻高校
・石巻中学校　・住吉中学校
・中里小学校　・門脇中学校
・荻浜小学校　・湊小学校
・渡波小学校　・好文館高校
・青葉中学校　・大街道小学校
・釜小学校

以上。

◎商店主らが炊き出し

石巻市立町の商店、飲食店の有志らが12日から炊き出しを行い、汁ものや食材を無料で提供している。

5日目《かめ》 3/16

全国《ぜんこく》から激励《げきれい》のメッセージが集《あつ》まっていることを見出《みだ》しに入《い》れて、読者《どくしゃ》をはげます内容《ないよう》にした。また、通《とお》ることができる道《みち》の情報《じょうほう》や、食料《しょくりょう》を販売《はんばい》している店《みせ》はどこかくわしくのせた。そして、長《なが》く続《つづ》くと思《おも》われる避難所生活《ひなんじょせいかつ》で求《もと》められるエチケットを呼《よ》びかけた。

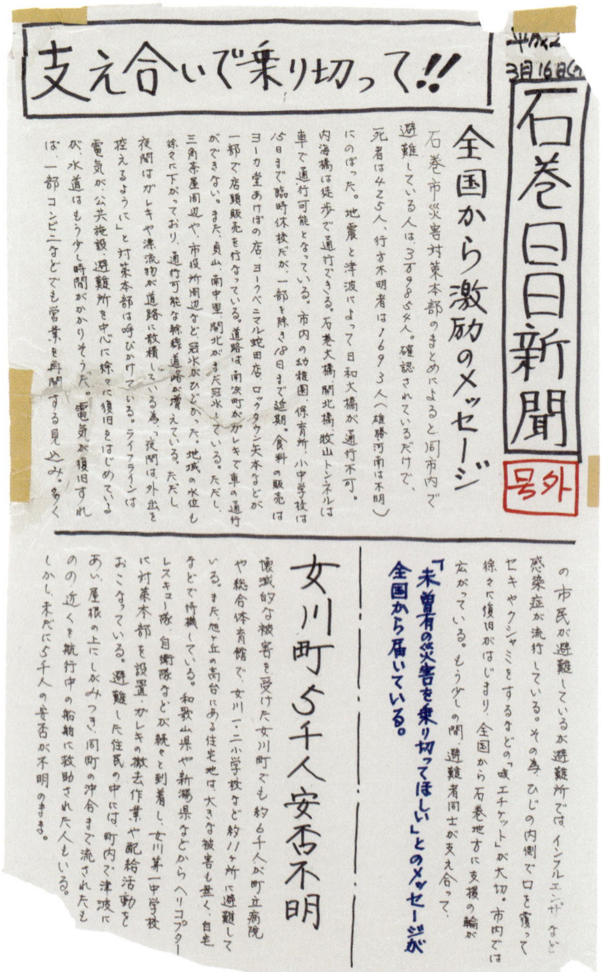

石巻日日新聞

号外

3月16日

支え合いで乗り切って!!

全国から激励のメッセージ

石巻市災害対策本部のまとめによると同市内で避難している人は3万9854人。確認されているだけで、死者は425人、行方不明者は1693人(雄勝・河南は不明)にのぼった。

地震と津波によって日和大橋が通行不可。内海橋は徒歩で通行できる。石巻大橋、開北橋、牧山トンネルは車で通行可能となっている。市内の幼稚園、保育所、小中学校は15日まで臨時休校だが、一部を除き18日まで延期。食料の販売はヨーカ堂あけぼの店、ヨークベニマル蛇田店、ロックタウン矢本などが一部で店頭販売を行なっている。道路は南浜町がガレキで車の通行ができない。また、貞山、南中里、開北がまだ冠水している。ただし、三角茶屋周辺や、市役所周辺など冠水がひどかった。地域の水位も徐々に下がっており、通行可能な幹線道路が増えている。ただし、夜間はガレキや漂流物が道路に散積している為、「夜間は外出を控えるように」と対策本部は呼びかけている。ライフラインは電気が、公共施設、避難所を中心に徐々に復旧をはじめている。電気が復旧すれば、水道はもう少し時間がかかりそうだ。多くの一部コンビニなどでも営業を再開する見込み。

の市民が避難しているが避難所では、インフルエンザなど感染症が流行している。その為、ひじの内側で口を覆ってセキやクシャミをするなどの「咳エチケット」が大切。市内では徐々に復旧がはじまり、全国から石巻地方に支援の輪が広がっている。もう少しの間、避難者同士が支え合って、

「未曽有の災害を乗り切ってほしい」とのメッセージが全国から届いている。

女川町5千人安否不明

壊滅的な被害を受けた女川町でも約6千人が町立病院や総合体育館で、女川一・二小学校など約11ヶ所に避難している。また、旭ヶ丘の高台にある住宅地は、大きな被害も無く、自宅などで待機している。和歌山県や新潟県などからヘリコプターレスキュー隊、自衛隊などが続々と到着し、女川第一中学校に対策本部を設置、ガレキの撤去作業や配給活動をおこなっている。避難した住民の中には、町内で津波にあい、屋根の上にしがみつき、同町の沖合まで流されたものの近くを航行中の船舶に救助された人もいる。しかし、未だに5千人の安否が不明のまま。

6日目《かめ》 3/17

最後《さいご》の壁新聞《かべしんぶん》は、電気復旧《でんきふっきゅう》を中心《ちゅうしん》に明《あか》るいニュースを伝《つた》えた。電気《でんき》が使《つか》える場所《ばしょ》にプリンターを運《はこ》び、A４サイズの新聞《しんぶん》も印刷《いんさつ》。500枚《まい》刷《す》って、記者《きしゃ》たちは各避難所《かくひなんじょ》に約《やく》20枚《まい》ずつ配《くば》って回《まわ》った。そして、19日《にち》からは通常《つうじょう》の新聞発行《しんぶんはっこう》を開始《かいし》した。

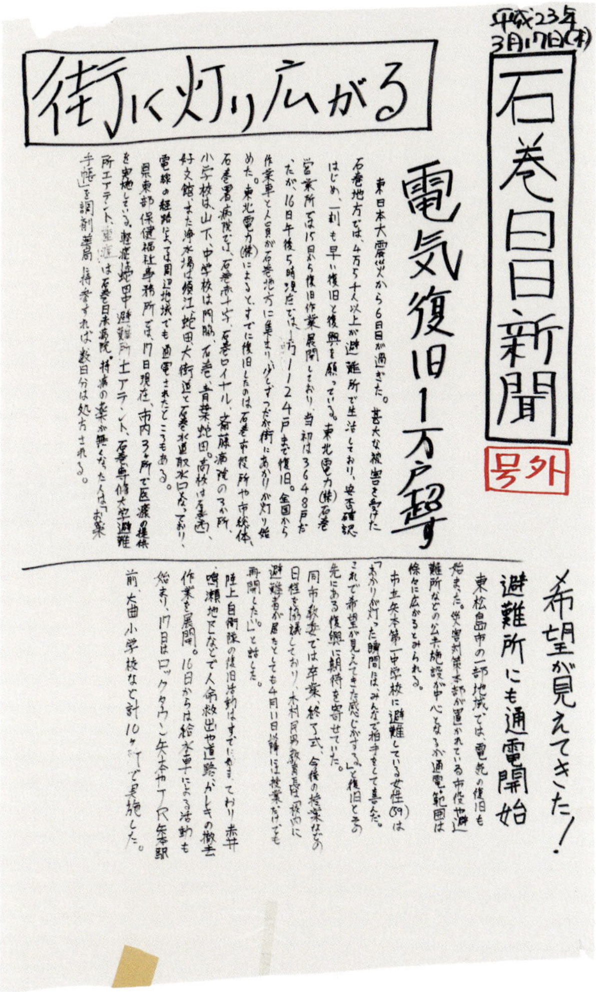
平成23年
3月17日(木)

石巻日日新聞

号外

街に灯り広がる

電気復旧1万戸超す

東日本大震災から6日目が過ぎた。甚大な被害を受けた石巻地方では、4万5千人以上が避難所で生活しており、安否確認はじめ、一刻も早い復旧と復興を願っている。東北電力(株)石巻営業所では15日から復旧作業展開しており、当初は3648戸だったが、16日午後5時現在では約1124戸まで復旧。全国から作業車と人員が石巻地方に集まり、少しずつだが街にあかりが灯り始めた。東北電力(株)によるとすでに復旧したのは石巻市役所や市総体、石巻署、病院では、石巻赤十字、石巻ロイヤル、斎藤病院の3か所、小学校は山下、中学校は門脇、石巻、青葉蛇田。高校は石巻西、好文館、また浄水場は須江蛇田、大街道で石巻水道取水口となっており、電線の経路によっては周辺地域でも通電されたところもある。県東部保健福祉事務所では、17日現在、市内3ヶ所で医療の提供を実施している。蛇田中避難所エアテント、石巻専修大学避難所エアテント、蛇田は石巻日赤病院。持病の薬が無くなった人は「お薬手帳」を調剤薬局に持参すれば数日分は処方される。

希望が見えてきた!

避難所にも通電開始

東松島市の一部地域では、電気の復旧も始まった。災害対策本部が置かれている市役所や避難所などの公共施設が中心となるが通電範囲は徐々に広がるとみられる。

市立矢本第一中学校に避難している女性(59)は「あかりが灯った瞬間には、みんなで拍手をして喜んだ。これで希望が見えてきた感じがする。」と復旧とその先にある復興に期待を寄せていた。

同市教委では卒業、終了式、今後の授業などの日程を協議しており、木村民男教育長は「校内に避難者が居たとしても4月11日以降は授業だけでも再開したい」と話した。

陸上自衛隊の復旧活動はすでに始まっており赤井、鳴瀬地区などで人命救出や道路がれきの撤去作業を展開。16日からは給水車による活動も始まり、17日はロックタウン矢本やJR矢本駅前、大曲小学校など計10ヶ所で実施した。

資料提供：石巻日日新聞社
国立国会図書館所蔵

2011年《ねん》３月《がつ》12日《にち》、午後《ごご》０時《じ》40分《ぷん》。石巻市内《いしのまきしない》の道路《どうろ》はほとんど冠水《かんすい》。多《おお》くの人《ひと》が、被災《ひさい》したときにいた路上《ろじょう》などに取《と》り残《のこ》された

道《みち》がかんぼつするなどして交通《こうつう》がたたれ、孤立《こりつ》していた石巻市周辺《いしのまきししゅうへん》。そのことがテレビや全国紙《ぜんこくし》で報《ほう》じられるようになったのは、地震発生《じしんはっせい》から１週間《しゅうかん》たったころのこと。石巻市《いしのまきし》の人《ひと》びとが身近《みぢか》な状況《じょうきょう》を知《し》る手段《しゅだん》は、ラジオや、新聞《しんぶん》の一部《いちぶ》の記事《きじ》などに限《かぎ》られていたんだ。石巻日日新聞社《いしのまきひびしんぶんしゃ》の記者《きしゃ》たちは、情報《じょうほう》が正《ただ》しいものか確認《かくにん》するのがむずかしい状況《じょうきょう》のなかで、人《ひと》びとに伝《つた》えるべき情報《じょうほう》を判断《はんだん》していった。

一方《いっぽう》で、『岩手新報《いわてしんぽう》』、『河北新報《かほくしんぽう》』などの地方紙《ちほうし》・ブロック紙《し》の印刷工場《いんさつこうじょう》も停電《ていでん》に見《み》まわれた。被害《ひがい》の少《すく》ない新潟県《にいがたけん》などに原稿《げんこう》を送《おく》って、かわりに印刷《いんさつ》してもらうなどして12日《にち》の朝刊《ちょうかん》を発行《はっこう》。災害《さいがい》が起《お》こったときには助《たす》け合《あ》う約束《やくそく》を前《まえ》からしていたんだ。岩手県《いわてけん》の東海新報社《とうかいしんぽうしゃ》は、震災前《しんさいまえ》から自家発電装置《じかはつでんそうち》を導入《どうにゅう》するなど震災《しんさい》に備《そな》えていたため、震災直後《しんさいちょくご》もコピー機《き》で新聞《しんぶん》を印刷《いんさつ》できたよ。

写真《しゃしん》だから伝《つた》わること

撮影：沢田教一Ⓒ Bettmann/CORBIS/amanaimages

ニュースの理解《りかい》を深《ふか》める報道写真《ほうどうしゃしん》。ときには、１枚《まい》で大《おお》きなインパクトを読者《どくしゃ》にあたえるよ。人《ひと》びとの心《こころ》を動《うご》かす写真《しゃしん》を撮《と》ろうと、カメラマンたちは一瞬《いっしゅん》をねらっているんだ。ここでは、ピュリツァー賞《しょう》を受賞《じゅしょう》した３人《にん》の日本人《にほんじん》カメラマンを紹介《しょうかい》するよ。

命《いのち》の限《かぎ》り戦地《せんち》にはりついた

通信社《つうしんしゃ》で働《はたら》いていた沢田教一《さわだきょういち》さんは、ベトナム戦争《せんそう》を取材《しゅざい》したいと思《おも》っていた。しかし、会社《かいしゃ》が認《みと》めてくれなかったので、休《やす》みをとって自分《じぶん》のお金《かね》でベトナムに渡《わた》り、戦争《せんそう》の最前線《さいぜんせん》を撮影《さつえい》したんだ。この写真《しゃしん》は、1966年《ねん》に、アメリカ軍《ぐん》による爆撃《ばくげき》のなか川《かわ》を渡《わた》ってにげようとする母親《ははおや》と子《こ》どもを撮《と》ったもの。沢田《さわだ》さんは戦地《せんち》で撃《う》たれて亡《な》くなった。

沢田教一《さわだきょういち》（1936～1970）

ピュリツァー賞《しょう》とは

アメリカ人《じん》のジャーナリストで、新聞《しんぶん》を作《つく》っていたジョセフ・ピュリツァー（1847～1911）。彼《かれ》の遺言《ゆいごん》によって、すぐれた文学《ぶんがく》や音楽《おんがく》、報道《ほうどう》におくられるピュリツァー賞《しょう》は設立《せつりつ》された。1942年《ねん》に、報道写真《ほうどうしゃしん》を対象《たいしょう》とした報道写真部門《ほうどうしゃしんぶもん》ができたんだ。これまで、歴史的瞬間《れきしてきしゅんかん》や戦争《せんそう》の残酷《ざんこく》さ、飢《う》えなどをとらえた写真《しゃしん》が受賞《じゅしょう》しているよ。昔《むかし》はカメラが大《おお》きくて重《おも》く、戦地《せんち》や貧困《ひんこん》に苦《くる》しむ国《くに》の様子《ようす》を撮影《さつえい》するのも大変《たいへん》だった。けれど、現在《げんざい》は、小型《こがた》のカメラで身軽《みがる》に撮影《さつえい》することができる。しかも、撮《と》った写真《しゃしん》は、Ｅメールを使《つか》って世界中《せかいじゅう》に一瞬《いっしゅん》で送《おく》ることも可能《かのう》になった。それまで撮《と》れなかったものが撮《と》れるようになり、おどろくようなスピードで世界中《せかいじゅう》に伝《つた》えられているんだ。技術《ぎじゅつ》の進化《しんか》によって、どんどん変化《へんか》していく報道写真《ほうどうしゃしん》を、ピュリツァー賞《しょう》は見守《みまも》っているよ。

戦争中《せんそうちゅう》の静《しず》けさをねらう

酒井淑夫《さかいとしお》（1940 ～ 1999）

沢田教一《さわだきょういち》さんと同《おな》じ通信社《つうしんしゃ》で働《はたら》いていた酒井淑夫《さかいとしお》さんは、沢田《さわだ》さんのえいきょうを受《う》けてベトナムへと渡《わた》った。ベトナム戦争《せんそう》が終《お》わるまでの長《なが》い間《あいだ》、酒井《さかい》さんはこの戦争《せんそう》を追《お》いかけ続《つづ》けたんだ。そして、1968年《ねん》、ものすごい大雨《おおあめ》のなかで見張《みは》りを続《つづ》ける兵士《へいし》の横《よこ》で、雨《あめ》に打《う》たれながらわずかな休息《きゅうそく》の時間《じかん》をすごしているアメリカ軍兵士《ぐんへいし》の様子《ようす》を撮影《さつえい》し、ピュリツァー賞《しょう》を受賞《じゅしょう》した。

撮《と》るか助《たす》けるか

戦争《せんそう》や紛争《ふんそう》、社会問題《しゃかいもんだい》が発生《はっせい》している現場《げんば》に、カメラマンは命《いのち》がけで行《い》く。建物《たてもの》が爆発《ばくはつ》した瞬間《しゅんかん》や人《ひと》びとがけがをしている様子《ようす》、泣《な》きさけぶ様子《ようす》など、その場《ば》にいなければ見《み》ることのできない現実《げんじつ》を写真《しゃしん》に撮《と》り、多《おお》くの人《ひと》に伝《つた》えるためだ。

しかし、カメラマンはつらい選択《せんたく》をせまられるときもあるよ。たとえば、1994年《ねん》にピュリツァー賞《しょう》を受賞《じゅしょう》したケビン・カーター氏《し》。受賞《じゅしょう》したのは、飢《う》えてたおれている少女《しょうじょ》をハゲタカがねらっている、スーダンでのしょうげき的《てき》な写真《しゃしん》だった。この写真《しゃしん》には、多《おお》くの批判《ひはん》が集《あつ》まった。「写真《しゃしん》を撮《と》るよりさきに、少女《しょうじょ》を助《たす》けるべき」という声《こえ》があがったんだ。目《め》の前《まえ》で、だれかが死《し》にそうになっているとき、事故《じこ》や災害《さいがい》の場《ば》で救助《きゅうじょ》の手《て》が足《た》りないとき、カメラマンはその様子《ようす》を撮影《さつえい》し続《つづ》けるべきか、助《たす》けるべきか悩《なや》む。ひとりの人間《にんげん》として、思《おも》わずカメラを置《お》き、手《て》を差《さ》しのべる局面《きょくめん》ももちろんある。しかし、こんなとき、多《おお》くのカメラマンはカーター氏《し》と同《おな》じように、撮影《さつえい》することを選《えら》ぶことがある。その写真《しゃしん》が世界中《せかいじゅう》に伝《つた》わることで、人《ひと》びとがいま起《お》きている現実《げんじつ》に気《き》がつき、よりよい世界《せかい》に近《ちか》づくという写真《しゃしん》の力《ちから》を信《しん》じているからだ。

スクープの瞬間《しゅんかん》はとつぜんくる

長尾　靖《ながおやすし》（1930 ～ 2009）

毎日新聞社《まいにちしんぶんしゃ》で働《はたら》いていた長尾靖《ながおやすし》さんは、1960年《ねん》、当時《とうじ》の浅沼稲次郎日本《あさぬまいねじろうにっぽん》社会党委員長《しゃかいとういいんちょう》の演説会《えんぜつかい》を取材《しゅざい》していた。その演説《えんぜつ》の最中《さいちゅう》、舞台《ぶたい》のそでからひとりの青年《せいねん》がとつぜん現《あらわ》れて、委員長《いいんちょう》を刺殺《しさつ》したんだ。その瞬間《しゅんかん》を、長尾《ながお》さんはとっさにカメラにおさめた。このしょうげき的《てき》な写真《しゃしん》は世界中《せかいじゅう》に伝《つた》えられ、長尾《ながお》さんは日本人《にほんじん》で初《はじ》めてピュリツァー賞《しょう》を受賞《じゅしょう》したよ。

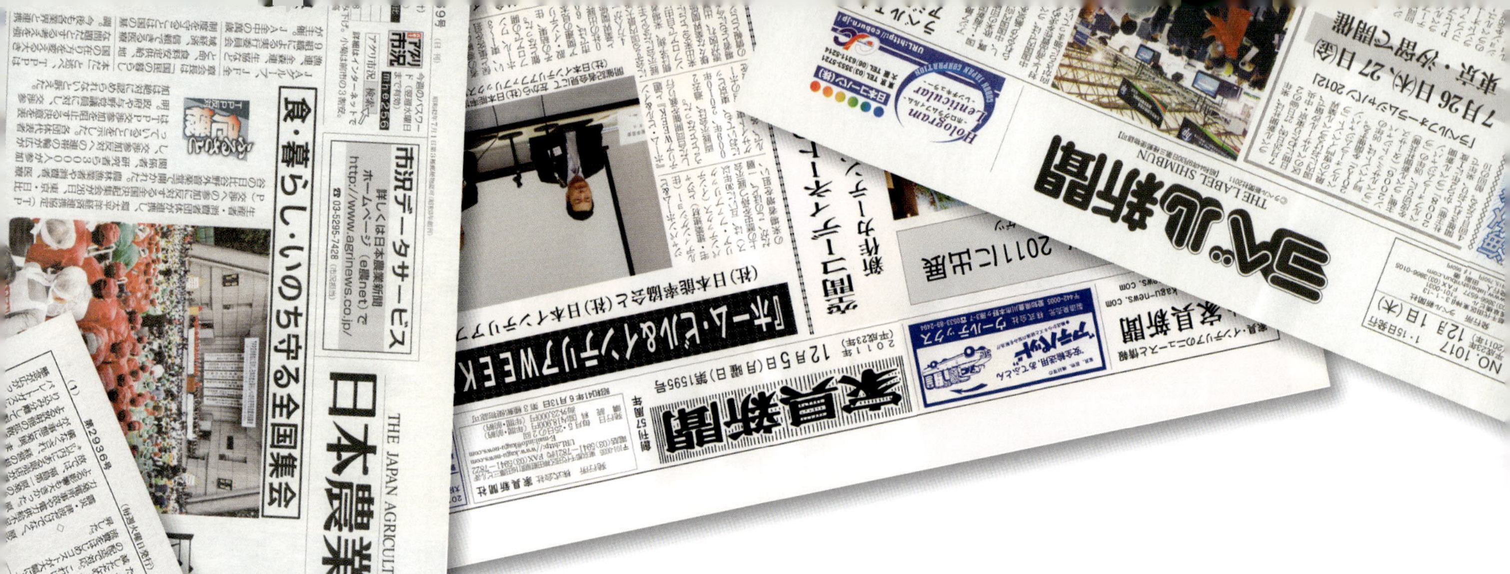

こんな新聞《しんぶん》、見《み》たことある？ 家具新聞《かぐしんぶん》にデパート新聞《しんぶん》、自動車《じどうしゃ》タイヤ新聞《しんぶん》……、名前《なまえ》を聞《き》くと思《おも》わず、エッ！ そんなのあるの？ とおどろいてしまうような新聞《しんぶん》を集《あつ》めてみたよ。これらは、さまざまな専門分野《せんもんぶんや》やしゅみの情報《じょうほう》を伝《つた》える「専門紙《せんもんし》」、ある１つの業界《ぎょうかい》や職業《しょくぎょう》の人《ひと》に向《む》けて作《つく》られる「業界紙《ぎょうかいし》」など。特定《とくてい》の読者《どくしゃ》を意識《いしき》して、それぞれの分野《ぶんや》のくわしい情報《じょうほう》を届《とど》けている新聞《しんぶん》だ。一般紙《いっぱんし》とはちがって、入手《にゅうしゅ》しにくいものが多《おお》い。一般紙《いっぱんし》には、約《やく》55cm×41cmのブランケット判《ばん》というサイズのものが多《おお》いけれど、専門紙《せんもんし》や業界紙《ぎょうかいし》には約《やく》41cm×27cmのタブロイド判《ばん》というサイズのものもあるよ。

派手《はで》な見出《みだ》しが目《め》を引《ひ》く「スポーツ紙《し》」は、専門紙《せんもんし》の１種《しゅ》。だけど、スポーツニュースのほかに芸能記事《げいのうきじ》や一般《いっぱん》のニュースなどもあつかっていて、多《おお》くの人《ひと》を読者対象《どくしゃたいしょう》にしているから、一般紙《いっぱんし》にかなり近《ちか》い存在《そんざい》なんだ。

専門紙《せんもんし》・業界紙《ぎょうかいし》がすごい!!

特定《とくてい》の分野《ぶんや》や業界《ぎょうかい》の深《ふか》い情報《じょうほう》を集《あつ》めた新聞《しんぶん》なんだね。

週刊《しゅうかん》のものから月《げっ》刊《かん》のものまで、たくさんあるよ！

県紙《けんし》・ブロック紙《し》の実力《じつりょく》

日本《にほん》の中心地《ちゅうしんち》で起《お》きている大《おお》きなニュースだけではなく、自分《じぶん》の住《す》んでいる地域《ちいき》のできごとについてくわしく知《し》りたいなと思《おも》う人《ひと》は多《おお》いはず。全国《ぜんこく》には、県《けん》ごとに発行《はっこう》される「県《けん》紙《し》」、いくつかの県《けん》にまたがって読者《どくしゃ》がいる「ブロック紙《し》」という新聞《しんぶん》があるよ。その地《ち》域《いき》で起《お》きたニュースのほかに、地域《ちいき》が抱《かか》えている問題《もんだい》や街《まち》の人《ひと》の声《こえ》など、読者《どくしゃ》に密着《みっちゃく》した情報《じょうほう》をたくさん取《と》り上《あ》げているのが特徴《とくちょう》なんだ。それに対《たい》して、日本全国《にほんぜんこく》で販売《はんばい》されている新聞《しんぶん》は「全国紙《ぜんこくし》」と呼《よ》ぶよ。きみの家《いえ》で読《よ》んでいる新聞《しんぶん》は、全国紙《ぜんこくし》？　それとも県紙《けんし》やブロック紙《し》？

ボクの県《けん》では、
県紙《けんし》を読《よ》んでいる
世帯《せたい》が61％！
さて、
どの県《けん》でしょう？

おもな県紙《けんし》・ブロック紙《し》一覧《いちらん》

人《ひと》びとが求《もと》める地域《ちいき》の情報《じょうほう》を長年伝《ながねんつた》え続《つづ》けてきた、歴史《れきし》ある新聞《しんぶん》がたくさんあるよ！

北海道新聞《ほっかいどうしんぶん》	京都新聞《きょうとしんぶん》
十勝毎日新聞《とかちまいにちしんぶん》	大阪日日新聞《おおさかにちにちしんぶん》
デーリー東北《とうほく》	紀伊民報《きいみんぽう》
東奥日報《とうおうにっぽう》	神戸新聞《こうべしんぶん》
岩手日報《いわてにっぽう》	日本海新聞《にほんかいしんぶん》
秋田魁新報《あきたさきがけしんぽう》	山陰中央新報《さんいんちゅうおうしんぽう》
山形新聞《やまがたしんぶん》	山陽新聞《さんようしんぶん》
福島民報《ふくしまみんぽう》	中国新聞《ちゅうごくしんぶん》
福島民友《ふくしまみんゆう》	四国新聞《しこくしんぶん》
河北新報《かほくしんぽう》	徳島新聞《とくしましんぶん》
下野新聞《しもつけしんぶん》	愛媛新聞《えひめしんぶん》
上毛新聞《じょうもうしんぶん》	高知新聞《こうちしんぶん》
茨城新聞《いばらきしんぶん》	西日本新聞《にしにっぽんしんぶん》
東京新聞《とうきょうしんぶん》	南日本新聞《みなみにっぽんしんぶん》
神奈川新聞《かながわしんぶん》	佐賀新聞《さがしんぶん》
北日本新聞《きたにっぽんしんぶん》	長崎新聞《ながさきしんぶん》
北陸中日新聞《ほくりくちゅうにちしんぶん》	熊本日日新聞《くまもとにちにちしんぶん》
北國《ほっこく》・富山新聞《とやましんぶん》	大分合同新聞《おおいたごうどうしんぶん》
信濃毎日新聞《しなのまいにちしんぶん》	宮崎日日新聞《みやざきにちにちしんぶん》
中日新聞《ちゅうにちしんぶん》	琉球新報《りゅうきゅうしんぽう》
新潟日報《にいがたにっぽう》	沖縄《おきなわ》タイムス
福井新聞《ふくいしんぶん》	
山梨日日新聞《やまなしにちにちしんぶん》	
岐阜新聞《ぎふしんぶん》	
静岡新聞《しずおかしんぶん》	

北海道新聞《ほっかいどうしんぶん》、中日新聞《ちゅうにちしんぶん》、西日本新聞《にしにっぽんしんぶん》は3大《だい》ブロック紙《し》と呼《よ》ばれているよ。

君《きみ》の住《す》んでいる地域《ちいき》の県紙《けんし》・ブロック紙《し》はあるかな？
身近《みぢか》なニュースをチェックしよう！

わたしの県《けん》では、
なんと
76%の世帯《せたい》が
県紙《けんし》を読《よ》んで
いるんです！

各都道府県《かくとどうふけん》で一番《いちばん》読《よ》まれている新聞《しんぶん》はなにかな？

	新聞名《しんぶんめい》	普及率《ふきゅうりつ》
北海道《ほっかいどう》	北海道新聞《ほっかいどうしんぶん》	43%
青森県《あおもりけん》	東奥日報《とうおうにっぽう》	44%
岩手県《いわてけん》	岩手日報《いわてにっぽう》	42%
宮城県《みやぎけん》	河北新報《かほくしんぽう》	51%
秋田県《あきたけん》	秋田魁新報《あきたさきがけしんぽう》	60%
山形県《やまがたけん》	山形新聞《やまがたしんぶん》	51%
福島県《ふくしまけん》	福島民報《ふくしまみんぽう》	40%
茨城県《いばらきけん》	読売新聞《よみうりしんぶん》（東京《とうきょう》）	39%
栃木県《とちぎけん》	下野新聞《しもつけしんぶん》	41%
群馬県《ぐんまけん》	上毛新聞《じょうもうしんぶん》	40%
埼玉県《さいたまけん》	読売新聞《よみうりしんぶん》（東京《とうきょう》）	37%
千葉県《ちばけん》	読売新聞《よみうりしんぶん》（東京《とうきょう》）	34%
東京都《とうきょうと》	読売新聞《よみうりしんぶん》（東京《とうきょう》）	22%
神奈川県《かながわけん》	読売新聞《よみうりしんぶん》（東京《とうきょう》）	27%
新潟県《にいがたけん》	新潟日報《にいがたにっぽう》	57%
山梨県《やまなしけん》	山梨日日新聞《やまなしにちにちしんぶん》	61%
長野県《ながのけん》	信濃毎日新聞《しなのまいにちしんぶん》	59%
静岡県《しずおかけん》	静岡新聞《しずおかしんぶん》	47%
岐阜県《ぎふけん》	中日新聞《ちゅうにちしんぶん》	53%
愛知県《あいちけん》	中日新聞《ちゅうにちしんぶん》	59%
三重県《みえけん》	中日新聞《ちゅうにちしんぶん》	44%
富山県《とやまけん》	北日本新聞《きたにっぽんしんぶん》	62%
石川県《いしかわけん》	北國《ほっこく》・富山新聞《とやましんぶん》	69%
福井県《ふくいけん》	福井新聞《ふくいしんぶん》	76%
滋賀県《しがけん》	読売新聞《よみうりしんぶん》（大阪《おおさか》）	27%
京都府《きょうとふ》	京都新聞《きょうとしんぶん》	37%
大阪府《おおさかふ》	読売新聞《よみうりしんぶん》（大阪《おおさか》）	23%
兵庫県《ひょうごけん》	神戸新聞《こうべしんぶん》	23%
奈良県《ならけん》	毎日新聞《まいにちしんぶん》（大阪《おおさか》）	26%
和歌山県《わかやまけん》	読売新聞《よみうりしんぶん》（大阪《おおさか》）	28%
鳥取県《とっとりけん》	日本海新聞《にほんかいしんぶん》	71%
島根県《しまねけん》	山陰中央新報《さんいんちゅうおうしんぽう》	62%
岡山県《おかやまけん》	山陽新聞《さんようしんぶん》	55%
広島県《ひろしまけん》	中国新聞《ちゅうごくしんぶん》	47%
山口県《やまぐちけん》	読売新聞《よみうりしんぶん》（西部《せいぶ》）	29%
徳島県《とくしまけん》	徳島新聞《とくしましんぶん》	76%
香川県《かがわけん》	四国新聞《しこくしんぶん》	50%
愛媛県《えひめけん》	愛媛新聞《えひめしんぶん》	46%
高知県《こうちけん》	高知新聞《こうちしんぶん》	58%
福岡県《ふくおかけん》	西日本新聞《にしにっぽんしんぶん》	27%
佐賀県《さがけん》	佐賀新聞《さがしんぶん》	45%
長崎県《ながさきけん》	長崎新聞《ながさきしんぶん》	30%
熊本県《くまもとけん》	熊本日日新聞《くまもとにちにちしんぶん》	45%
大分県《おおいたけん》	大分合同新聞《おおいたごうどうしんぶん》	43%
宮崎県《みやざきけん》	宮崎日日新聞《みやざきにちにちしんぶん》	43%
鹿児島県《かごしまけん》	南日本新聞《みなみにほんしんぶん》	45%
沖縄県《おきなわけん》	琉球新報《りゅうきゅうしんぽう》	29%
	沖縄《おきなわ》タイムス	29%

出典：日本ABC協会「新聞発行社レポート普及率」（2011年1～6月）
※普及率＝販売店での取りあつかい部数÷世帯数
※福島県、宮城県、岩手県は2011年1～6月の世帯数が発表されていないため、2010年7～12月の統計を掲載
※琉球新報、沖縄タイムスの普及率は、公称の発行部数をもとに算出

ボクの県《けん》でも
76%もの世帯《せたい》が
県紙《けんし》を読《よ》んでいるよ！
どの県《けん》か表《ひょう》から
探《さが》してみてね。

ウチではこれが当《あ》たり前《まえ》!! ～海外新聞事情《かいがいしんぶんじじょう》～

国《くに》がちがえば新聞《しんぶん》もちがう。日本《にほん》の新聞《しんぶん》では考《かんが》えられないことも、その国《くに》では当《あ》たり前《まえ》！でも、ほかの国《くに》から見《み》れば、日本《にほん》の新聞《しんぶん》も変《か》わっているのかも!?

イギリス

有名人《ゆうめいじん》は、てってい的《てき》に取材《しゅざい》!?

イギリスでは、政治《せいじ》や経済《けいざい》の記事《きじ》が多《おお》い新聞《しんぶん》よりも、身近《みぢか》なニュースや有名《ゆうめい》人《じん》のゴシップ記事《きじ》をあつかう新聞《しんぶん》のほうが人気《にんき》。その一方《いっぽう》で、有名人《ゆうめいじん》の私生《しせい》活《かつ》を追《お》うカメラマンや記者《きしゃ》による、プライバシーを侵害《しんがい》する取材《しゅざい》が問題《もんだい》になっているよ。

ノルウェー

新聞《しんぶん》の消費税《しょうひぜい》はゼロ！

お金《かね》がなくて新聞《しんぶん》を買《か》えず、社会《しゃかい》で起《お》きている重要《じゅうよう》な出来事《できごと》を自分《じぶん》だけ知《し》らない……なんてことになったら大変《たいへん》。そんな「知《し》る権利《けんり》」を守《まも》るために、ノルウェーでは新聞《しんぶん》にかかる消費税《しょうひぜい》がゼロなんだ。日本《にほん》の場合《ばあい》、100円《えん》の新聞《しんぶん》に消費税《しょうひぜい》５％がかかると105円《えん》になるけれど、ノルウェーならそのままの100円《えん》で買《か》えるってこと。フィンランドやイギリスでも、新聞《しんぶん》の消費税《しょうひぜい》はゼロなんだって！

カナダ

広告《こうこく》で新聞《しんぶん》を包《つつ》んじゃう！

新聞《しんぶん》の一番上《いちばんうえ》のページに記事《きじ》と同《おな》じ見《み》た目《め》の広告《こうこく》があったら、ついつい注目《ちゅうもく》しちゃうね。カナダには、新聞《しんぶん》に記事《きじ》そっくりの広告《こうこく》をかぶせている新聞《しんぶん》があるよ。

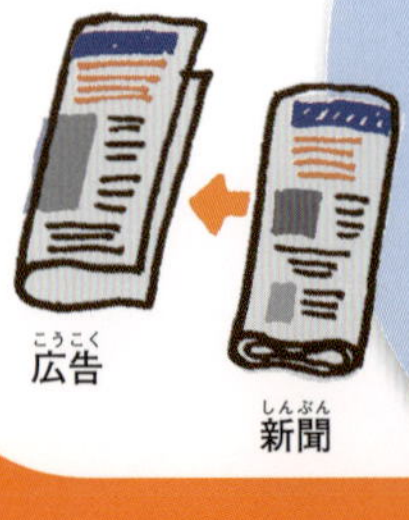

欧米《おうべい》では、こんなふうに売《ばい》店《てん》のラックで販売《はんばい》されていることが多《おお》いんだって!!

中国《ちゅうごく》

朝刊《ちょうかん》よりも、夕刊《ゆうかん》が人気《にんき》！

中国《ちゅうごく》で発行《はっこう》されている新聞《しんぶん》のなかでも歴史《れきし》の長《なが》い『新民晩報《しんみんばんぼう》』。日本《にほん》では新聞《しんぶん》といえば朝刊《ちょうかん》のイメージだけど、『新民晩報《しんみんばんぼう》』は名前《なまえ》の通《とお》り、朝刊《ちょうかん》はなくて、夕刊《ゆうかん》だけ発行《はっこう》されているよ。

アメリカ

分厚《ぶあつ》い新聞《しんぶん》に情報《じょうほう》ぎっしり！

日本《にほん》の新聞《しんぶん》は、多《おお》くても40ページくらい。でも、アメリカの新聞《しんぶん》は60ページくらいあるんだ！ 記事《きじ》も多《おお》いけれど、広告《こうこく》も多《おお》いんだ。日曜日《にちようび》には広告《こうこく》だけが雑誌《ざっし》のようにまとめられた冊子《さっし》も配達《はいたつ》されるよ。また、自動販売機《じどうはんばいき》で新聞《しんぶん》を売《う》るのもアメリカならでは。新聞《しんぶん》の第《だい》1面《めん》が見《み》えるようになっていて、コインを入《い》れて買《か》うことができるんだ。

スウェーデン

新聞《しんぶん》は無料《むりょう》で読《よ》む！

ヨーロッパをはじめとして、さまざまな国《くに》で発行《はっこう》されている、日刊《にっかん》の無料新聞《むりょうしんぶん》『metro《メトロ》』は、もともとスウェーデン生《う》まれ。新聞《しんぶん》の販売料金《はんばいりょうきん》ではなく、広告掲載料《こうこくけいさいりょう》をもとに作《つく》るから無料《むりょう》なんだ。地下鉄《ちかてつ》の入《い》り口《ぐち》や街角《まちかど》のラックに置《お》かれているよ。記事《きじ》が短《みじか》く、わかりやすいので、手軽《てがる》に読《よ》めるところが人気《にんき》なんだ。

『metro《メトロ》』専用《せんよう》のラック

アイスランド

紙面《しめん》はカラフルに！

アイスランドの新聞《しんぶん》は、なんと、ほとんどのページがカラー！ 写真《しゃしん》も広《こう》告《こく》もすべてカラーで、紙《し》面《めん》がにぎやかなんだ。

4コマママンガでわかる!!

起《き》承《しょう》転《てん》結《けつ》

新聞《しんぶん》の４コマママンガは、話題《わだい》のニュースや日常《にちじょう》のことをテーマにかかれているよ。毎日続《まいにちつづ》けて読《よ》んでいれば、４コマママンガだけでも世《よ》のなかのことがわかっちゃうかも!? たった４コマで読者《どくしゃ》を楽《たの》しませる「起承転結《きしょうてんけつ》」の秘密《ひみつ》にせまっちゃおう！

起

承

転

結

※2003年、米・英がイラクに攻撃を開始

起

承

転

結

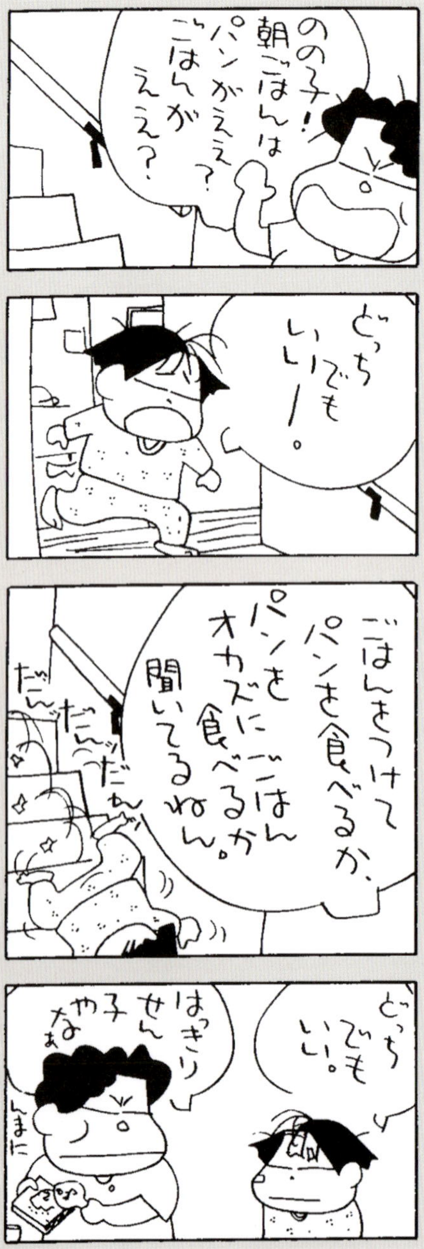

今日《きょう》の新聞《しんぶん》にのっている4コママンガは、どういうパターンかな?

ストーリーの基本《きほん》である「起承転結《きしょうてんけつ》」。4コママンガの場合《ばあい》、1コマ目《め》ができごとの始《はじ》まりをえがく「起《き》」、2コマ目《め》が1コマ目《め》のできごとを引《ひ》き受《う》ける「承《しょう》」、3コマ目《め》が状況《じょうきょう》の変《へん》化《か》をえがく「転《てん》」、4コマ目《め》ができごとの結末《けつまつ》、オチをえがく「結《けつ》」になることが多《おお》いよ。ただし、起承転結《きしょうてんけつ》という流《なが》れをくずすことでおもしろい展開《てんかい》にもなるよ。いろんなパターンがあるから見《み》てみよう！

起
きょうは寒いで。そんなカッコではカゼひくで。
えー、ほんまかいな。
承
承
転
+
結
あれ?またおったん?わたしはやめとくワ。
フツウは着替えるんやッ
!

起
ええとじゃあ次を山田さん。
ゲッ
転
キンコンカン
あら
ラッキー
承
ラ、ラ、ランラン♪
転
+
結
じゃ山田さん。
算
算
国

『ののちゃん』朝日新聞朝刊連載　©いしいひさいち

もっと新聞《しんぶん》を知《し》るなら、ここがオススメ！

この本《ほん》を読《よ》んで、君《きみ》も新聞博士《しんぶんはかせ》に近《ちか》づいたはず。
もっと新聞《しんぶん》について知《し》りたくなったら、ここをチェックしよう！

博物館《はくぶつかん》・図書館《としょかん》

日本新聞博物館《にほんしんぶんはくぶつかん》

新聞《しんぶん》の歴史《れきし》や、新聞《しんぶん》が作《つく》られる流《なが》れが展示《てんじ》されているよ。昔《むかし》の新聞《しんぶん》から、最新《さいしん》の新聞作《しんぶんづく》りの現場《げんば》まで知《し》ることができるんだ。また、新聞《しんぶん》の製作体験《せいさくたいけん》ができるコーナーや、全国《ぜんこく》の新聞《しんぶん》を読《よ》むことができる「新聞《しんぶん》ライブラリー」もあるよ。

［住所］神奈川県横浜市中区日本大通11　横浜情報文化センター
［ＨＰ］http://newspark.jp/newspark/
［電話番号］045-661-2040
［休館日］毎週月曜日（月曜日が祝日・振替休日の場合は次の平日）、12/29 ～ 1/4
［開館時間］10：00 ～ 17：00（入場は16：30まで）

印刷博物館《いんさつはくぶつかん》

新聞《しんぶん》に限《かぎ》らず、印刷《いんさつ》の誕生《たんじょう》から発展《はってん》、現在《げんざい》にいたるまでの歴史《れきし》を展示《てんじ》しているよ。かつて新聞印刷《しんぶんいんさつ》に使《つか》われていた、活版印刷《かっぱんいんさつ》を体験《たいけん》できるコーナーもあるんだ。印刷関連《いんさつかんれん》の本《ほん》を集《あつ》めたライブラリーもあるよ。

［住所］東京都文京区水道１丁目3-3 トッパン小石川ビル
［ＨＰ］http://www.printing-museum.org
［電話番号］03-5840-2300
［休館日］毎週月曜日（月曜日が祝日の場合は次の日）
［開館時間］10：00 ～ 18：00（入場は17：30まで）

国立国会図書館《こくりつこっかいとしょかん》

東京本館《とうきょうほんかん》と関西館《かんさいかん》、国際子《こくさいこ》ども図書館《としょかん》があるよ。東京本館《とうきょうほんかん》では、地下《ちか》８階《かい》の深《ふか》さ約《やく》40メートルの巨大《きょだい》な書庫《しょこ》に、本《ほん》や雑誌《ざっし》、新聞《しんぶん》など日本《にほん》のさまざまな発行物《はっこうぶつ》を所蔵《しょぞう》しているんだ。閲覧《えつらん》のみで貸《か》し出《だ》しはしていないけれど、インターネット上《じょう》で公開《こうかい》している資料《しりょう》もあるよ。国立国会図書館《こくりつこっかいとしょかん》サーチ（http://iss.ndl.go.jp）で、調《しら》べてみよう。

●東京本館
［住所］東京都千代田区永田町1-10-1
［ＨＰ］http://www.ndl.go.jp　［電話番号］03-3581-2331
［休館日］日曜日、祝日・休日、年末年始、第３水曜日
［開館時間］９：30 ～ 19：00（土曜日は17：00まで）

●関西館
［住所］京都府相楽郡精華町精華台8-1-3
［ＨＰ］http://www.ndl.go.jp　［電話番号］0774-98-1200
［休館日］日曜日、祝日・休日、年末年始、第３水曜日
［開館時間］10:00 ～ 18:00

●国際子ども図書館
［住所］東京都台東区上野公園12-49
［ＨＰ］http://www.kodomo.go.jp　［電話番号］03-3827-2053
［休館日］月曜日、祝日・休日（５月５日のこどもの日は開館）、年末年始、第３水曜日　※日曜日は第一・第二資料室休室
［開館時間］９：30 ～ 17：00

※東京本館と関西館は、18才未満の人は利用ができないから、調べたいことがあったら大人の人に相談してみよう。区立図書館、市立図書館のなかには、古い新聞を保管していたり、パソコン上でデータを公開したりしているところもあるよ。

ホームページ

社団法人日本新聞協会《しゃだんほうじんにほんしんぶんきょうかい》「教育《きょういく》に新聞《しんぶん》を」

新聞《しんぶん》を取《と》り入《い》れた教育《きょういく》「NIE（Newspaper in Education）」に関《かん》する情報《じょうほう》や、実践例《じっせんれい》を紹介《しょうかい》しているよ。新聞《しんぶん》の基礎知識《きそちしき》を紹介《しょうかい》しているページもあるんだよ。

［ＨＰ］http://nie.jp/

Newseum

アメリカのワシントンにあるニュースの博物館《はくぶつかん》。この HP では、世界中《せかいじゅう》の新聞《しんぶん》877紙《し》の第《だい》１面《めん》を見《み》ることができるよ。

［ＨＰ］http://www.newseum.org
※第１面を見ることができるのは、このページ
http://www.newseum.org/todaysfrontpages/

Newspaper map

世界中《せかいじゅう》の新聞社《しんぶんしゃ》の HP へリンクされているよ。地図《ちず》のなかから、好《す》きな国《くに》の新聞《しんぶん》を探《さが》してみよう。

［ＨＰ］http://newspapermap.com

社団法人日本新聞協会《しゃだんほうじんにほんしんぶんきょうかい》「よんどく！」

いろんな著名人《ちょめいじん》の新聞《しんぶん》に関《かん》するインタビュー記事《きじ》や、「心《こころ》があたたかくなったり、勇気《ゆうき》がふっとわいてきたりするような HAPPY な記事《きじ》」とコメントを集《あつ》めている HAPPY NEWS コンクールの受賞作品《じゅしょうさくひん》を紹介《しょうかい》しているよ。

［ＨＰ］http://www.readme-press.com

東京大学総合研究博物館画像《とうきょうだいがくそうごうけんきゅうはくぶつかんがぞう》アーカイヴス

日本《にほん》の新聞広告《しんぶんこうこく》3000（明治《めいじ》24年《ねん》—昭和《しょうわ》20年《ねん》）

明治《めいじ》24年《ねん》から昭和《しょうわ》20年《ねん》の間《あいだ》に発行《はっこう》された、さまざまな新聞《しんぶん》の広告《こうこく》がのっている面《めん》を閲覧《えつらん》できるよ。長《なが》い歴史《れきし》をもつ企業《きぎょう》の名前《なまえ》で検索《けんさく》してみよう。昔《むかし》の広告《こうこく》を見《み》られるよ。

［ＨＰ］http://www.um.u-tokyo.ac.jp/cgi-bin/umdb/newspaper1000.cgi

山《やま》あり谷《たに》あり 新聞《しんぶん》の歴史《れきし》

新聞《しんぶん》にも、いろんな時代《じだい》があったよ。
世《よ》のなかの流《なが》れとともに変化《へんか》する、
新聞《しんぶん》の歴史《れきし》を見《み》てみよう！

政《せい》党《とう》を支《し》持《じ》する『政《せい》党《とう》新《しん》聞《ぶん》』が作《つく》られた

1880～

政府《せいふ》に反対《はんたい》する意見《いけん》を新聞《しんぶん》に

日刊紙《にっかんし》が創刊《そうかん》され始《はじ》めた明治初期《めいじしょき》、政府《せいふ》が不正《ふせい》を行《おこな》うと、新聞《しんぶん》がそれを報道《ほうどう》するようになった。そのため、政府《せいふ》から弾圧《だんあつ》されて新聞《しんぶん》の発行《はっこう》を禁止《きんし》される新《しん》聞社《ぶんしゃ》も出《で》てきたんだ。けれど、新聞《しんぶん》がなければ、政《せい》府《ふ》のよくない行《おこな》いについて国民《こくみん》が知《し》ることはなかったから、人《ひと》びとの新聞《しんぶん》に対《たい》する信頼《しんらい》が高《たか》まっていったよ。

このころ、政治《せいじ》の世界《せかい》では、大隈重信《おおくましげのぶ》が立憲改進党《りっけんかいしんとう》を、板垣退助《いたがきたいすけ》が自由党《じゆうとう》を作《つく》るなど、同《おな》じ考《かんが》えの人《ひと》が集《あつ》まる「政党《せいとう》」が生《う》まれていた。新聞《しんぶん》は記事《きじ》のなかでどこかの政党《せいとう》の意見《いけん》を応援《おうえん》して、国民《こくみん》に政党《せいとう》の考《かんが》えを伝《つた》えていた。新聞《しんぶん》が政党《せいとう》の意見《いけん》にかたよることに批判的《ひはんてき》だった福沢諭吉《ふくざわゆきち》は、公平《こうへい》な視点《してん》で記事《きじ》をのせようと、『時事新報《じじしんぽう》』という新聞《しんぶん》を作《つく》ったよ。

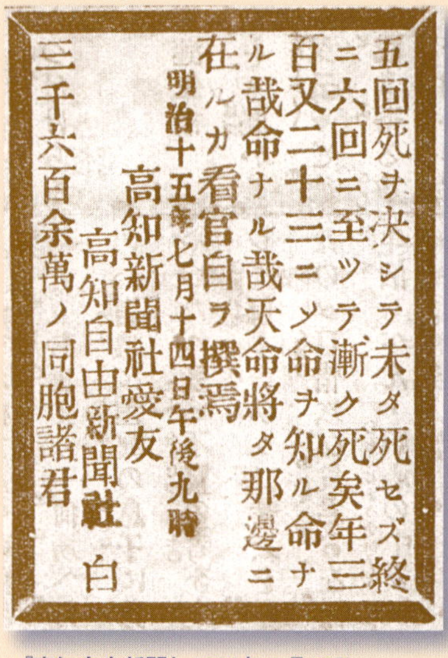
五回死ヲ決シテ未ダ死セズ終
ニ六回ニ至ツテ漸ク死矣年三
百又二十三ニメ命ヲ知ル命ナ
ル哉命ナル哉天命將タ那邊ニ
在ルカ看官自ラ撰爲
明治十五年七月十四日午後九時
高知新聞社愛友
高知自由新聞社 白
三千六百余萬ノ同胞諸君

『高知自由新聞』1882年７月15日
日本新聞博物館所蔵

政府《せいふ》による弾圧《だんあつ》で６度目《どめ》の発行停止処分《はっこうていししょぶん》を受《う》けた『高知新聞《こうちしんぶん》』の人《ひと》びとは、かわりにすぐ『高知自由新聞《こうちじゆうしんぶん》』を発行《はっこう》。そこには、『高知新聞《こうちしんぶん》』の死亡広告《しぼうこうこく》をのせた

パーソナル・ジャーナリズムの時《じ》代《だい》へ

1890～

だれが作《つく》っている新聞《しんぶん》か

1890年《ねん》ごろになると、大手《おおて》の新聞社《しんぶんしゃ》の競争《きょうそう》がはげしくなっていった。新聞《しんぶん》の値下《ねさ》げをしたり、読者《どくしゃ》に読《よ》んでもらえるような内容《ないよう》にしたりと工夫《くふう》をして、読者《どくしゃ》をうばい合《あ》ったんだ。読者《どくしゃ》は、だれが作《つく》っている新聞《しんぶん》なのか、だれがその記事《きじ》を書《か》いているのかを気《き》にして新聞《しんぶん》を買《か》うようになっていったよ。

『日本《にほん》』や『国民新聞《こくみんしんぶん》』などの新《あたら》しく創刊《そうかん》された新聞《しんぶん》は、政党《せいとう》とは関係《かんけい》なく、独立《どくりつ》した立場《たちば》から政治《せいじ》についての記事《きじ》を書《か》いたり、社会《しゃかい》問題《もんだい》を伝《つた》えたりしたんだ。個人《こじん》（パーソナル）の考《かんが》えをもとに作《つく》られた新聞《しんぶん》が次《つぎ》つぎと登場《とうじょう》したこの時代《じだい》は、「パーソナル・ジャーナリズムの時代《じだい》」と呼《よ》ばれているよ。

政治問題《せいじもんだい》を、どの立場《たちば》から、どう伝《つた》えるのかが大《おお》きく変《か》わった時代《じだい》だったんだね。

広告《こうこく》誕生《たんじょう》! いまの新聞《しんぶん》の形《かたち》ができあがる

戦争《せんそう》で発行部数《はっこうぶすう》が増《ふ》えた

1894年《ねん》に日清戦争《にっしんせんそう》が始《はじ》まると、日本軍《にほんぐん》がどんなふうに戦《たたか》っているのかを伝《つた》えるのが新聞《しんぶん》の役《やく》割《わり》となった。大《おお》きな新聞社《しんぶんしゃ》の記者《きしゃ》は戦場《せんじょう》に行《い》って、戦争《せんそう》の様子《ようす》を記事《きじ》にして伝《つた》えた。人《ひと》びとは、戦争《せんそう》の情報《じょうほう》を求《もと》めて新聞《しんぶん》を買《か》うようになり、新《しん》聞《ぶん》の発行部数《はっこうぶすう》はどんどん増《ふ》えていったよ。

第《だい》1面全部《めんぜんぶ》が広告《こうこく》!?

明治時代《めいじじだい》のなかごろになると、新聞《しんぶん》には企業《きぎょう》の広告《こうこく》がのるようになった。いまは、新聞《しんぶん》の第《だい》1面《めん》はもっとも重要《じゅうよう》なニュースの記事《きじ》が入《はい》るところだけど、当時《とうじ》は第《だい》1面全部《めんぜんぶ》が広告《こうこく》ということもあったよ。配達中《はいたつちゅう》に新聞《しんぶん》の第《だい》1面《めん》がすれたりやぶれたりしても、大事《だいじ》な記事《きじ》が読《よ》めなくなることがないように、という工夫《くふう》からなんだ。

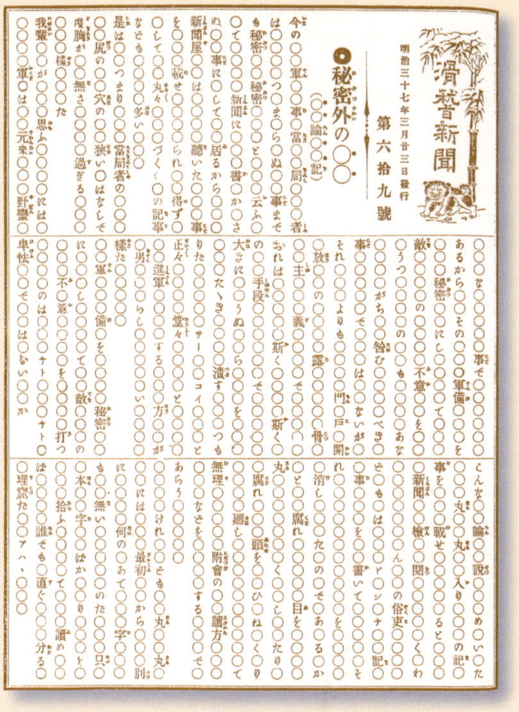
滑稽新聞
明治三十七年三月廿三日發行
第六拾九號
●秘密外の○○
(○○論○○記)

『滑稽新聞』第69号、1904年3月23日
資料出典：『滑稽新聞』筑摩書房

当時《とうじ》、内務省《ないむしょう》の検閲《けんえつ》に引《ひ》っかかりそうな文字《もじ》をふせ字《じ》にした出版物《しゅっぱんぶつ》が多《おお》かった。この紙面《しめん》は一見《いっけん》ふせ字《じ》だらけだけど、○をぬかして読《よ》んでみると……

新聞《しんぶん》VS軍部《ぐんぶ》! 対立表面化《たいりつひょうめんか》

1920〜

軍部《ぐんぶ》に目《め》をつけられた新聞《しんぶん》

新聞《しんぶん》が、政府《せいふ》や軍《ぐん》のやることに反対《はんたい》する意見《いけん》を書《か》くと、軍部《ぐんぶ》はそれを書《か》いた記者《きしゃ》をおどしたり、おそったりするようになった。大阪《おおさか》では宮武外《みやたけがい》骨《こつ》が『滑稽新聞《こっけいしんぶん》』を新《あたら》しく作《つく》り、軍部《ぐんぶ》からのおどしがあっても新聞《しんぶん》を出《だ》し続《つづ》けられるように、ペンネームで記事《きじ》を書《か》いていた。いまの週刊誌《しゅうかんし》のようにうわさ話《ばなし》などの記事《きじ》ものっていて、大《おお》阪《さか》の市民《しみん》にとても人気《にんき》があった。
東京《とうきょう》では、権力者《けんりょくしゃ》のプライベートなことまで記《き》事《じ》にした、黒岩涙香《くろいわるいこう》の『萬朝報《よろずちょうほう》』という新聞《しんぶん》の人気《にんき》が高《たか》かった。こうして、新聞《しんぶん》はゴシップなどの話題《わだい》も取《と》り上《あ》げるようになり、人《ひと》びとはそれをおもしろがって買《か》うようになったんだ。

戦争中《せんそうちゅう》、新聞《しんぶん》は情報《じょうほう》が少《すく》なかった

1930〜

政府《せいふ》が新聞記事《しんぶんきじ》を検閲《けんえつ》

いつ戦争《せんそう》が始《はじ》まってもおかしくなかった1930年代《ねんだい》の日《に》本《ほん》。新聞《しんぶん》の記事《きじ》はきびしく検閲《けんえつ》されるようになり、政府《せいふ》や軍部《ぐんぶ》にとって不都合《ふつごう》な記事《きじ》は削除《さくじょ》させられるようになった。そうして、情報《じょうほう》をコントロールすることで国民《こくみん》の考《かんが》えを１つにまとめて国《くに》を強《つよ》くしようとしたんだ。これによって、人《ひと》びとは新聞《しんぶん》を読《よ》んでも決《き》められた情報《じょうほう》しか受《う》け取《と》れなくなってしまったよ。

新聞《しんぶん》の紙《かみ》が足《た》りない……

第二次世界大戦《だいにじせかいたいせん》が始《はじ》まると、物不足《ものぶそく》になり、新聞《しんぶん》に使《つか》う紙《かみ》やインクも足《た》りなくなってきた。紙《かみ》を節約《せつやく》するために、新《しん》聞《ぶん》が１枚《まい》だけになったり、朝刊《ちょうかん》と夕刊《ゆうかん》を一緒《いっしょ》にして１日《にち》１回《かい》しか発行《はっこう》できなくなったりしたよ。また、このころ新聞《しんぶん》は、政府《せいふ》が発表《はっぴょう》した、事実《じじつ》とは異《こと》なる戦争《せんそう》の状況《じょうきょう》をそのまま書《か》いて、人《ひと》びとを戦争《せんそう》にかりたてるような記事《きじ》をのせてしまっていた。一方《いっぽう》で、戦争《せんそう》の状況《じょうきょう》を知《し》りたい人《ひと》びとはますます新聞《しんぶん》を読《よ》みたがったけれど、紙不足《かみぶそく》によって発行《はっこう》する部数《ぶすう》が減《へ》って、新聞《しんぶん》を買《か》えない人《ひと》も出《で》てきてしまった。

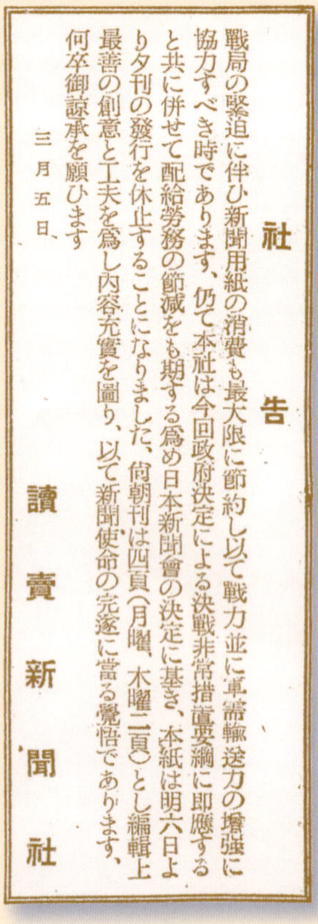

社告

戰局の緊迫に伴ひ新聞用紙の消費も最大限に節約し以て戰力並に軍需輸送力の增强に協力すべき時であります、仍て本社は今回政府決定による決戰非常措置要綱に即應すると共に併せて配給勞務の節減をも期する爲め日本新聞會の決定に基き、本紙は明六日より夕刊の發行を休止することになりました、尚朝刊は四頁(月曜、木曜二頁)とし編輯上最善の創意と工夫を爲し内容充實を圖り、以て新聞使命の完遂に當る覺悟であります、何卒御諒承を願ひます

三月五日

讀賣新聞社

『読売報知新聞』1944年３月５日
日本新聞博物館所蔵

新聞用紙《しんぶんようし》の節約《せつやく》のため、夕刊《ゆうかん》を休《きゅう》止《し》して、さらに朝刊《ちょうかん》を４ページ（月曜《げつよう》と木曜《もくよう》は２ページ）に減《へ》らすことを伝《つた》える社告記事《しゃこくきじ》

人《ひと》びとに伝《つた》わる情報《じょうほう》が、こんなに少《すく》ない時代《じだい》もあったんだね。

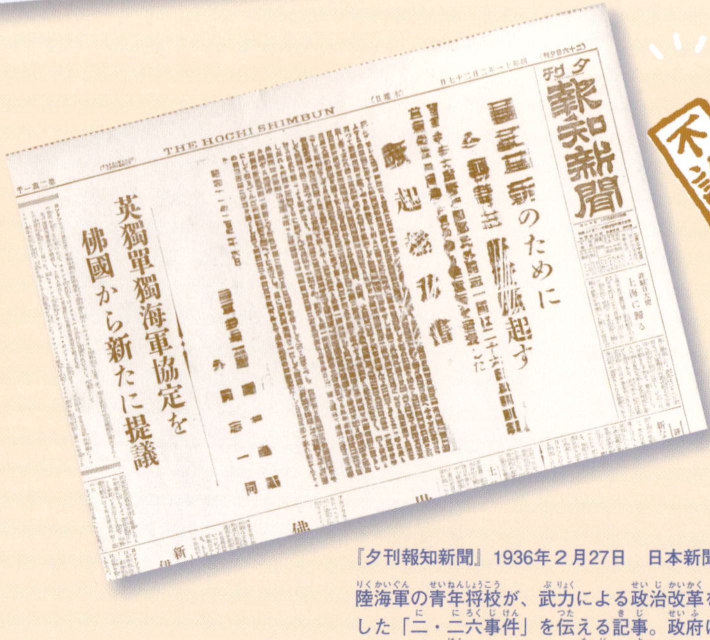

夕刊
報知新聞
THE HOCHI SHIMBUN
英獨單獨海軍協定を佛國から新たに提議

不許可

『夕刊報知新聞』1936年２月27日　日本新聞博物館所蔵

陸海軍《りくかいぐん》の青年将校《せいねんしょうこう》が、武力《ぶりょく》による政治改革《せいじかいかく》をめざして起《お》こした「二《に》・二六事件《にろくじけん》」を伝《つた》える記事《きじ》。政府《せいふ》によって印刷《いんさつ》のもととなる版《はん》がけずられ、文字《もじ》が読《よ》めなくなっている

戦後《せんご》はGHQが新聞《しんぶん》を検閲《けんえつ》

1945〜

言論《げんろん》は自由《じゆう》になったけれど……

第二次世界大戦《だいにじせかいたいせん》で負《ま》けた日本《にほん》は、外国《がいこく》の軍隊《ぐんたい》である連合国軍《れんごうこくぐん》最高司令官総司令部《さいこうしれいかんそうしれいぶ》（GHQ）に占領《せんりょう》されることになった。新聞《しんぶん》は戦争中《せんそうちゅう》のように政府《せいふ》のきびしい検閲《けんえつ》を受《う》けることはなくなった。けれど、今度《こんど》は発行《はっこう》する前《まえ》にGHQに検閲《けんえつ》されることになったんだ。

人《ひと》びとの声《こえ》が新聞《しんぶん》にのる！

戦争《せんそう》が終《お》わると、新《あたら》しい新聞《しんぶん》が創刊《そうかん》されたり、休刊《きゅうかん》していた新聞《しんぶん》が改《あらた》めて作《つく》られたりするようになったよ。GHQの検閲《けんえつ》は1949年《ねん》までにすべてなくなった。「言論《げんろん》の自由《じゆう》」という考《かんが》え方《かた》が広《ひろ》まって、『朝日新聞《あさひしんぶん》』では一般市民《いっぱんしみん》の意見《いけん》をのせる「声《こえ》」という連載《れんさい》がスタートした。

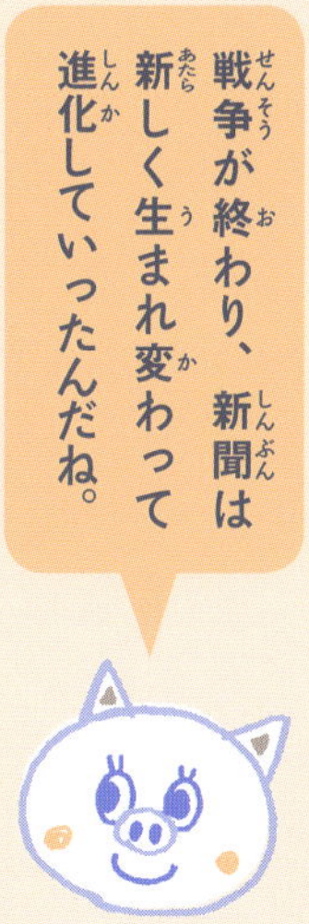
戦争《せんそう》が終《お》わり、新聞《しんぶん》は
新《あたら》しく生《う》まれ変《か》わって
進化《しんか》していったんだね。

テレビの登場《とうじょう》と新聞《しんぶん》の役割《やくわり》

1950〜

1959年《ねん》、その当時《とうじ》の皇太子《こうたいし》（平成《へいせい》の天皇陛下《てんのうへいか》）と民間出身《みんかんしゅっしん》の正田美智子《しょうだみちこ》さんのご結婚《けっこん》パレードの様子《ようす》をテレビで見《み》たいという人《ひと》が増《ふ》えて、日本中《にほんじゅう》にテレビが普及《ふきゅう》したよ。東京《とうきょう》オリンピックの中継《ちゅうけい》も多《おお》くの人《ひと》がテレビを見《み》るきっかけになった。映像《えいぞう》を使《つか》ったテレビとくわしく記事《きじ》が書《か》かれた新聞《しんぶん》。人《ひと》びとは２つのメディアからより多《おお》くの情報《じょうほう》を得《え》るようになっていったんだね。

オリンピックで報道力《ほうどうりょく》アップ

1960〜

1964年《ねん》に、日本《にほん》で初《はじ》めてのオリンピックが開《ひら》かれた（東京《とうきょう》オリンピック）。その当時《とうじ》では史上最大《しじょうさいだい》の94カ国《こく》が参加《さんか》した。新聞各社《しんぶんかくしゃ》は、結果《けっか》をいち早《はや》く伝《つた》えるために新《あたら》しい機械《きかい》を導入《どうにゅう》したり、カラー写真《しゃしん》を新聞《しんぶん》にのせたり、お金《かね》と人《ひと》をつぎこんでオリンピックの様子《ようす》を伝《つた》えていったんだ。その効果《こうか》もあって、新聞《しんぶん》の報道力《ほうどうりょく》はレベルアップしたよ。

索引《さくいん》

あ

アインコメンデン・ツァイトゥング（新着雑報《しんちゃくざっぽう》） 4

石巻日日新聞《いしのまきひびしんぶん》 34 ～ 37

印刷《いんさつ》 14

印刷《いんさつ》オペレーター 11

運転手《うんてんしゅ》 11

遅版《おそばん》 13

折《お》り（印刷工程《いんさつこうてい》） 15

か

海外新聞《かいがいしんぶん》 4

活字《かつじ》 24

活字鋳植機《かつじちゅうしょくき》 25

活版《かっぱん》（活版印刷《かっぱんいんさつ》） 24

カメラマン 8

かわら版《ばん》 18

関東大震災《かんとうだいしんさい》 32

官板《かんぱん》バタヒヤ新聞《しんぶん》 4

記事下広告《きじしたこうこく》 27

記事中広告《きじなかこうこく》 27

記者《きしゃ》 9

業界紙《ぎょうかいし》 40

ケビン・カーター 39

検閲《けんえつ》 52、53

県紙《けんし》 42

校閲部記者《こうえつぶきしゃ》 10

号外《ごうがい》 16

広告《こうこく》（新聞広告《しんぶんこうこく》） 26、28、30、51

高速輪転機《こうそくりんてんき》 14

滑稽新聞《こっけいしんぶん》 51

さ

酒井淑夫《さかいとしお》 39

沢田教一《さわだきょういち》 38

GHQ《ジーエイチキュー》 53

時事新報《じじしんぽう》 50

写真植字機《しゃしんしょくじき》（写植機《しゃしょくき》） 25

ジョセフ・ヒコ 4

ジョセフ・ピュリツァー 38

スポーツ紙《し》 40

政党新聞《せいとうしんぶん》 50

製版《せいはん》 14

整理部記者《せいりぶきしゃ》 10

全国紙《ぜんこくし》 13、42

全面広告《ぜんめんこうこく》 26

専門紙《せんもんし》 40

た

題字下《だいじした》（横《よこ》）広告《こうこく》 27

タブロイド判《ばん》 40

断裁《だんさい》（印刷工程《いんさつこうてい》） 14

朝刊《ちょうかん》 13

突《つ》き出《だ》し広告《こうこく》 27

デスク 8

な

長《なが》尾《お》靖《やすし》 39

錦絵新聞《にしきえしんぶん》 20

二連版広告《にれんばんこうこく》 26

は

挟《はさ》みこみ広告《こうこく》 27

早版《はやばん》 13

版《はん》 12

阪神《はんしん》・淡路大震災《あわじだいしんさい》 33

販売員《はんばいいん》 11

東日本大震災《ひがしにほんだいしんさい》 34

ピュリツァー賞《しょう》 38

ブランケット判《ばん》 40

ブロック紙《し》 42

編集長《へんしゅうちょう》 9

ま

metro《めとろ》 45

や

夕刊《ゆうかん》 13

横浜毎日新聞《よこはままいにちしんぶん》 5

読《よ》み売《う》り（読売《よみうり》） 18、19、22

萬朝報《よろずちょうほう》 51

４コママンガ 46

●シリーズ紹介　**新聞を読もう！**〈全３巻〉

１巻　新聞を読んでみよう！

２巻　新聞づくりに挑戦！

３巻　新聞博士になろう！

●監修　**鈴木雄雅**（すずき・ゆうが）
1953年生まれ。上智大学大学院修了。新聞学博士（2003年、上智大学）。上智大学文学部新聞学科講師、助教授を経て2001年から教授。新聞学科長、文学研究科新聞学専攻主任、文学研究科委員長などを歴任。日本マス・コミュニケーション学会理事も務める。専門はジャーナリズム史、国際コミュニケーション。監修に『日本初期新聞全集』（ぺりかん社）、『韓国メディアの現在』（岩波書店）。共著に『オーストラリア入門　第２版』（東京大学出版会）、『ゼミナール　日本のマス・メディア第2版』（日本評論社）など。

参考資料

鈴木伸男『新聞わくわく活用事典』（PHP 研究所）
池上彰『池上彰の新聞勉強術』（ダイヤモンド社）
岸尾祐二『学びアップ道場②　情報を整理する　新聞術』（フレーベル館）
鈴木伸男『こうすればできる NIE　新聞でいきいき授業』（白順社）
くさばよしみ『おしごと図鑑⑧　それいけ！新聞記者』（フレーベル館）
春原昭彦『日本新聞通史　紙面クロニクル』（現代ジャーナリズム出版会）
石巻日日新聞社『６枚の壁新聞』（角川マガジンズ）
日本新聞販売協会、新聞販売百年史刊行委員会編『新聞販売百年史』（日本新聞販売協会）
電通総研編『情報メディア白書 2010年』（ダイヤモンド社）
河北新報社編『河北新報　特別縮刷版　３・11東日本大震災　１カ月の記録』（竹書房）
小野秀雄編『号外百年史』（読売新聞社）
小野秀雄『かわら版物語―江戸時代マスコミの歴史―』（雄山閣出版）
高橋克彦『新聞錦絵の世界』（PHP 研究所）
太平洋戦争研究会『図説関東大震災』（河出書房新社）
山中茂樹『震災とメディア―復興報道の視点』（世界思想社）
藤吉洋一郎『NHK20世紀日本　大震災の記録』（NHK 出版）
北原糸子『関東大震災の社会史』（朝日新聞出版）
筑紫哲也編『職業としてのジャーナリスト　ジャーナリズムの条件１』（岩波書店）

●編集
株式会社教育画劇編集部
株式会社ドレミファ　高田沙織、中村恒次郎
●文章
渡辺ゆき、高田沙織
●装幀
株式会社ドレミファ　大塚千佳子
●本文デザイン
株式会社ドレミファ　西田久美
●装画・イラスト
seesaw.　伊藤和人

参考 URL

亮月写植室 http://ryougetsu.net/shashoku.html
社団法人日本印刷技術協会（JAGAT）http://www.jagat.jp/content/blogcategory/115/250/

40～41ページ資料提供
デパート新聞社、社団法人日本電気協会新聞部、セメント新聞社、株式会社ポスティコーポレーション（ゴム報知新聞）、自動車春秋社（自動車タイヤ新聞）、ベルマーク新聞、図書新聞、家具新聞社、産経新聞社（サンケイスポーツ）、産報出版（溶接ニュース）、日本農業新聞、ラベル新聞社、報知新聞社（スポーツ報知）

新聞を読もう！

３巻　新聞博士になろう！

2012年４月　初版発行
2014年５月　第２刷発行
発行者　升川和雄
発行所　株式会社教育画劇
〒151-0051　東京都渋谷区千駄ヶ谷５-17-15
TEL：03-3341-3400　FAX：03-3341-8365
http://www.kyouikugageki.co.jp
印刷・製本　大日本印刷株式会社

56P　260×210㎜　NDC070　ISBN978-4-7746-1646-9
Published by Kyouikugageki, inc., Printed in Japan